AI와 미술가

AI문고

인공지능 시대입니다. 기계가 인간의 인지를 대신하고, 사물이 인간을 통하지 않고 다른 사물과 직접 커뮤니케이션합니다. 이에 따른 인간 삶과 문명 변화를 정확히 이해 · 예측 · 대응하는 것은 이 시대 우리 모두의 과제입니다. AI문고는 인공지능 기술과 환경의 여러 주제를 10가지 키워드로 정리합니다. 관련 개념과 이론, 학계와 산업계의 쟁점, 우리 일상의 변화를 다룹니다. 인간과 기술의 현재, 미래를 세심히 분석합니다.

일러두기

- 인명, 작품명, 저서명, 개념어 등은 한글과 함께 괄호 안에 해당 국가의 원어를 병기했습니다.
- 외래어 표기는 현행 어문규정의 외래어표기법을 따랐습니다.

처음이세요?

전문가세요?

AI와 미술가

정규리

대한민국, 서울, 커뮤니케이션북스, 2026

AI와 미술가

지은이 정규리
펴낸이 박영률

초판 1쇄 펴낸날 2026년 1월 27일

커뮤니케이션북스(주)
출판 등록 2007년 8월 17일 제313-2007-000166호
02880 서울시 성북구 성북로 5-11
전화(02) 7474 001, 팩스(02) 736 5047
commbooks@commbooks.com
www.commbooks.com

ISBN 979-11-430-1765-9 03500

책값은 뒤표지에 표시되어 있습니다.

차례

AI 시대와 호모 아르비터의 출현

호모 아르비터와 기획적 작가성의 제안

생성형 AI의 기술적 성취는 '회화의 종말'이라는 오래된 명제를 다시금 수면 위로 끌어올렸다. 육체적 노동의 소거가 곧 창작 주체의 무력을 의미한다는 비관적 시각이다. 그러나 이 책은 이러한 통념과 궤를 달리한다. 역설적으로 디지털 데이터가 무한 복제되는 환경일수록, 비정형의 오차를 개입시키는 인간의 신체성은 희소한 원본성을 담보하는 결정적인 기제로 작동하기 때문이다. 우리가 포기해야 하는 것은 붓 자체가 아니라 붓을 든 손을 단순한 '노동'으로 취급해 온 관점이다. 이제 우리는 그 손의 의미를 존재와 책임, 그리고 증명의 차원에서 다시 생각해야 하는 상황에 놓여 있다.

이 책은 이러한 기술적 격변기 속에서 방향을 잃기 쉬운 미술가들에게 새로운 좌표를 제시하려는 하나의 시도다. 나는 이 책에서 예술가의 정의가 '호모 파베르(homo faber, 제작하는 인간)'의 영역을 넘어, '호모 아르비터(homo arbiter, 조정하고 판단하는 인간)'의 층위로 확장되었음을 이야기하고자 한다. 이는 단순한 외연의 확대가 아니라, 창작의 무게중심이 손의 숙련과 물질적 노동에서 선택과 승인, 그리고 책임 있는 결정으로 옮겨가고 있음을 가리키는 구조적 전환을 의미한다.

이 새로운 주체성은 물리적 제작을 폐기하는 것이 아니라, 제작의 위상을 재배치하는 일이다. 호모 아르비터는 질문을 설계하고, 데이터를 조정하며, 최종 결과물에 윤리적, 미학적 승인을 내림으로써 작품의 주인이 된다. 나는 이러한 창작의 태도를 '기획적 작가성'이라 명명한다. 이 개념은 단순히 과거의 '저자(Author)' 개념을 되살리려는 것이 아니라, 기계의 연산 능력을 전제로 하면서도 그 결과에 대한 의미 부여와 책임을 인간에게 다시 묻는, 동시대적인 저자 개념의 재구성이다.

이제 소모적인 진위 논쟁을 넘어설 때다. 이 새로운 작가성이야말로 개념 미술의 동시대적 계승이자 확장임을 규명하기 위해, 이 책은 다음과 같은 여정으로 독자들과 함께하고자 한다.

이 책의 구성: AI 시대 미술을 가로지르는 10개의 장면

제1장은 2023년 SWPA를 뒤흔든 보리스 엘다그젠의 수

상 거부 사태를 '데이터와 빛의 대결'로 규정하며 시각 예술의 위기를 조명한다. 심사위원을 완벽히 속인 작품 〈전기공〉을 단순한 위조가 아닌 현대적 스캔들로 해석하고, 아서 단토와 해나 아렌트의 통찰을 빌려 기계가 완벽한 환영을 구축하는 시대에 예술의 진실을 지탱할 근거가 무엇인지 알아본다.

제2장과 제3장은 시선을 과거로 돌려, 미술사가 도구의 발전사가 아닌 권력 투쟁의 역사였음을 밝힌다. 15세기 유화의 발명이 인간의 소유욕을 자극했다면, 19세기 사진의 발명은 시선의 권력을 분산시켰다. 우리는 롤랑 바르트가 선언한 '저자의 죽음'부터, 솔 르윗이 "아이디어가 곧 기계"라고 주장했던 개념 미술에 이르기까지 창작 주체가 어떻게 해체되고 재구성되어 왔는지 그 계보를 추적한다.

제4장은 '질문하는 인간, 대답하는 기계'라는 비대칭적 구도 속에서 주체성의 근원을 탐구한다. 모든 것이 자동화된 세계에서 인간에게 남겨진 최후의 권한은 무엇인가? 그것은 바로 유한한 삶을 사는 인간만이 가질 수 있는, '무엇을 질문할 것인가'를 결정하는 의지다.

제5장에서는 AI 기술이 미술가를 물리적 제작에서 해방시키는 동시에, 데이터의 파도 속에서 고유한 좌표를

구축하는 '맥락의 설계자'로 재정의한다. 이에 따라 동시대 미술의 본질은 무한한 생성의 가능성 속에서 최적의 가치를 선별하고 승인하는 '호모 아르비터'의 결단으로 재정의된다.

제6장은 한병철이 정의한 디지털의 '매끄러움'과 그로 인한 감각적 피로를 분석하며, 이에 대한 반작용으로 나타난 '물질적 회화'의 귀환을 조명한다. 데이터가 무한히 미끄러지는 환경 속에서, 작가의 신체적 노동과 시간이 축적된 회화는 단순한 이미지가 아니라 살아있는 생명력을 지닌 실체가 된다. 우리는 이 장을 통해 회화의 물질성이야말로 AI가 복제할 수 없는 인간의 실존적 무게임을 확인하게 될 것이다.

7장에서는 기술적 숙련도보다 '질문의 깊이'가 중요해진 새로운 평가 기준을 바탕으로, 실제 예술 현장에서 이러한 미학적 가치가 어떻게 적용될 수 있는지 모색한다. 특히 무한한 데이터 속에서 작가의 핵심 역량으로 떠오른 '선택의 안목'이 향후 창작 생태계와 예술 시장의 구조를 어떻게 재편할 것인지 논의할 것이다.

8장에서는 인간의 개입 없는 미술사는 성립할 수 없다는 전제하에, 프로그래머블 아트와 로보틱 아트 같은 기술적 확장과 이에 대한 반작용으로 역설적인 희소성을 획득하는 순수 회화의 재부상을 동시에 조망한다. 이를 통해 미래의 미술 생태계는 기술이 인간을 대체하는 것이 아니라 창작의 주체를 '하이브리드 스튜디오'나 '공생의 파트너'로 확장하며, 기술과 인간성이 팽팽한 균형을 이루는 방향으로 재편될 것임을 예견한다.

제9장에서는 도제식 아틀리에를 넘어선 '실험실(Lab)'로서의 미술 교육 혁신안을 제안한다. 프롬프트 로그를 분석하고, 생성의 논리를 토론하는 새로운 교육 모델은 미래 세대를 위한 필수적인 제안이 될 것이다. 이 장에서 나는 AI 시대의 예술가가 어떤 비평적 리터러시와 기술적 이해를 갖추어야 하는지를 논의할 것이다.

마지막 제10장에 이르러 우리는 다시 '인간'이라는 근원적인 질문으로 회귀한다. 기술이 고도로 발달하여 창작의 효율성을 극대화할지라도, 결국 그 결과물에 사회적 맥락을 부여하고 윤리적 타당성을 묻는 것은 오직 인간만이 수행할 수 있는 '행위(Action)'이기 때문이다. AI가 '가장 확률 높은 정답'을 제시할 때, 미술가는 기꺼이 그 논리를 거스르고 우회하며 기계가 흉내 낼 수 없는 인간만의 고유성을 증명해 내야 할 것이다.

AI 시대 인간 사유와 선택, 그리고 이 책의 역할

기계는 입력된 데이터의 경계 안에서만 응답할 수 있다. 반면 인간은 입력되지 않은 세계를 꿈꾸고, 끝없이 질문하며, 그 불확실한 결과 앞에서 실존적으로 고뇌하는 존재다. 현재의 AI 모델은 과거 데이터의 확률을 계산하여 가장 그럴듯한 평균값을 내놓을 뿐, 인간이 하는 고유한 의미의 사유에는 도달할 수 없다.

따라서 기계가 답을 산출하는 속도가 빨라질수록, 그 결과물에 본질적인 질문을 던지고 가치를 부여하는 인간의 '철학적 사유 능력'과 '비평적 판단'은 더욱 희소한 역량이 될 것이다. 바야흐로 예술의 본령은 '어떻게 그릴 것인가(How)'라는 기능적 숙련을 넘어, '무엇을 선택할 것인가(What)'를 결정하는 안목으로 이동하고 있다. 이 책이 그 불가역적인 전환의 길목에서, 새로운 창작의 논리를 정립하려는 동시대 미술가들에게 유효한 나침반이 되기를 바란다.

01
AI 시대의 문제의식

'무엇이 미술가를 미술가로 만드는가?' 이 질문은 AI 시대에 새롭게 부각한 것처럼 보이지만, 사실 그 뿌리는 미술사 전반에 걸쳐 지속되어 온 근본적 탐구다. 이 장은 보리스 엘다그젠의 수상 거부 사건을 시작으로 아서 단토, 마르셀 뒤샹, 해나 아렌트의 사유를 경유하여 창작 주체의 조건을 탐색한다. 기계가 이미지를 생성하는 시대, 미술가는 '제작자'를 넘어 '기획자'로 그 정체성을 재정립해야 한다.

기후 위기와 인공지능?

존재론적 스캔들: 데이터와 빛의 대결

2023년 4월, 사진 예술계의 권위 있는 시상식인 '소니 월드 포토그래피 어워드(SWPA)' 현장은 전례 없는 존재론적 스캔들에 휘말렸다. 크리에이티브 부문 1위 수상자로 호명된 독일의 미디어 아티스트 보리스 엘다그젠(Boris Eldagsen)이 무대 위에서 수상을 공식적으로 거부했기 때문이다.

그의 출품작 〈전기공(The Electrician)〉은 시각적으로 완벽한 1940년대 풍의 흑백 사진이다. 거친 입자감, 피사체의 미묘한 표정, 빛과 그림자의 고전적 대비는 심사위원들로 하여금 이 이미지가 카메라 렌즈를 통해 포착된 결정적 순간임을 의심치 않게 했다. 그러나 엘다그젠은 이 이미지가 광학적 기록이 아닌, 통계적 연산의 결과물임을 밝혔다.

> 이것은 사진이 아닙니다. 인공지능이 생성한 이미지입니다. 하나는 물리적 '빛'으로 기록하고, 다른 하나는 추상적 '데이터'로 연산합니다. 이 둘은 근본적으로 다른 실체입니다.

엘다그젠의 거부 선언은 단순한 윤리적 고백이 아니라, 현대 예술이 마주한 존재론적 공백을 겨냥한 날카로운 질문이다. 암실에서 현상되지 않았고, 렌즈를 통하지 않았으며, 작가의 물리적 노동이 부재한 이 이미지를 우리는 무엇이라 불러야 하는가? '찍지 않은' 자를 사진가라 칭할 수 있는가? 이 사건은 기술적 논쟁을 넘어, 미술사 전반을 관통하는 근원적 물음으로 우리를 이끈다. "도대체 무엇이 미술가를 미술가로 만드는가?"

망막에서 철학으로: 단토와 워홀의 유산

사실 '무엇이 예술인가'라는 질문은 20세기 미술사가 끊임없이 씨름해 온 화두였다. 1964년 앤디 워홀(Andy Warhol)이 슈퍼마켓의 세제 상자를 복제한 〈브릴로 박스(Brillo Box)〉를 갤러리에 전시했을 때, 철학자 아서 단토(Arthur Danto)는 시각적 식별 불가능성이라는 문제에 봉착했다.

예술 작품인 〈브릴로 박스〉와 공산품인 '브릴로 박스'는 시각적으로 차이가 없다. 망막에 맺힌 형상이 동일하다면, 예술을 규정하는 것은 무엇인가? 단토는 예술의 본질이 '보이는 것'에서 '보이지 않는 것'으로 이동했음을 간파했다. 대상을 예술로 선언하는 작가의 철학적 사유와 그것을 수용하는 예술계의 맥락만이 평범한 상자를 예술로 변용시킬 수 있다는 것이다.

오늘날 AI의 등장은 단토의 논의를 가속화한다. 과거 워홀의 시대에는 최소한 실크스크린을 밀어내는 작가의 물리적 개입이 존재했다. 그러나 AI 시대의 이미지는 인간의 신경망이 아닌 기계의 신경망에서 생성된다. 레픽 아나돌(Refik Anadol)이 방대한 데이터를 시각화하거나 마리오 클링게만(Mario Klingemann)이 기괴한 형상을 생성할 때, 기계는 단순한 도구를 넘어 창작의 능동적 행위자처럼 보인다. 기계가 '제작'의 전 과정을 수행하는 시대, 인간 미술가의 고유성은 이제 물리적 흔적이 아닌 다른 차원에서 규명되어야 한다.

선택의 계보학: 뒤샹에서 생성형 AI까지

이 난제를 풀기 위해 우리는 마르셀 뒤샹(Marcel Duchamp)을 다시 호출해야 한다. 1917년, 그가 공산품 소변기를 〈샘(Fountain)〉이라 명명하여 전시했을 때, 그는 예술가의 정의를 '만드는 자'에서 '선택하는 자'로 전복시켰다. 그는 "이 변기를 직접 만들었는가?"라는 비난에 대해 "그가 그것을 선택했다"고 답했다. 뒤샹에게 예술은 손기술이 아닌 정신적 행위였다.

흥미롭게도 오늘날 AI 아트의 작업 방식은 뒤샹의 레디메이드(Ready-made) 개념과 구조적으로 맞닿아 있다. 뒤샹이 이미 존재하는 공산품 중에서 대상을 선택해 맥락을 부여했듯, 미술가는 알고리즘이 생성해 낸 수많은 생성된 기성품 중에서 자신의 의도에 부합하는 이미지를 선택하고 승인한다. 도구는 변기에서 거대 언어 모델과 디퓨전 모델로 바뀌었지만, 본질은 변하지 않았다. 그것은 무질서한 세계에서 유의미한 것을 골라내는 '안목'과 그것에 맥락을 부여하는 '기획'이다. AI 시대의 창작은 뒤샹이 열어젖힌 '선택'과 '맥락'으로서의 예술이 기술적으로 극대화된 형태라고 볼 수 있다.

기술에 대한 저항과 수용의 역사

새로운 기술은 언제나 예술의 순수성을 위협하는 적으로 간주되곤 했다. 19세기 중반 사진기가 발명되었을 때, 시인 보들레르는 이를 "예술의 가장 치명적인 적"이라 규정하며, 기계적 복제가 인간의 상상력을 빈곤하게 만들 것이라 경고했다. 당시의 화가들에게 사진은 영혼 없는 기계적 기록에 불과했다. 그러나 역설적으로 사진의 등장은 회화를 '재현의 의무'로부터 해방시켰다. 대상을 똑같이 그릴 필요가 없어진 화가들은 인상주의와 추상주의라는 새로운 미학적 영토를 개척했다. 또한 사진 스스로도 기록을 넘어 '빛으로 그리는 예술'로 진화했다.

지금 AI를 향한 '창의성의 죽음'이라는 비판은 19세기의 데자뷔다. 그러나 사진이 그러했듯, AI 역시 미술가를 '그리는 노동'으로부터 해방시킴으로써, '무엇을 그릴 것인가'라는 개념적 질문에 더욱 천착하게 만들 것이다.

인간다움의 재해석: 작업에서 행위로

기계가 대체할 수 없는 '의미'의 영역 그렇다면 기계적 자동화가 대체할 수 없는 인간의 고유 영역은 어디인가?

우리는 이 지점에서 해나 아렌트가 《칸트 정치철학 강의》를 통해 재조명한 '관찰자(Spectator)'의 지위에 주목해야 한다. 아렌트는 사물을 만들어 내는 '제작자(Homo Faber)'보다, 거리를 두고 그 결과물의 의미를 공유 가능한 것으로 만드는 '판단하는 관찰자'에게 우선적인 권위를 부여했다. 그 이유는 명확하다. 무대 위의 배우나 작업실의 장인은 자신의 행위와 기술적 몰입으로 인해 전체적인 맥락을 조망할 수 없기 때문이다. 반면, 객석의 관찰자는 행위의 과정에서 한 발짝 물러나 있기에 비로소 전체를 조망하고, 그것이 타인들에게 어떤 의미를 갖는지 판정하여 세상과 소통시킬 수 있다. 즉, 작품을 물리적으로 종결하는 것은 만드는 손이지만, 그것을 문화적 세계 안으로 편입시키는 것은 그 가치를 식별하는

'눈', 즉 '판단력'이다.

생성형 AI의 메커니즘은 이러한 아렌트의 통찰을 현대적으로, 그리고 역설적으로 증명한다. 기계는 경이로운 속도로 이미지를 산출하지만, 자신이 만든 것이 숭고한지 혹은 혐오스러운지, 역사적 맥락 속에서 어떤 좌표를 갖는지 알지 못한다. 아렌트의 표현을 빌리자면, 기계는 사유하지 않기에 판단할 수 없다. 따라서 기계가 자동으로 쏟아낸 결과물을 '예술 작품'으로 인정할지 결정하는 권한은, 오직 그 가치를 알아보고 판단할 수 있는 사람에게만 있다.

AI 시대의 예술 창작은 바로 이 지점에서 극적인 전복을 맞이한다. 붓을 들고 캔버스를 채우는 물리적 제작은 이제 AI라는 도구적 대리인에게 위임할 수 있는 것이 되었다. 대신 작가는 기계가 생성한 수많은 결과물을 검토하여 쓸모 있는 것을 골라내고 최종 확정하는 결정권자의 위치로 이동한다. 창작의 무게중심이 '손의 기술(테크네, Techne)'에서 '눈의 안목'으로, 즉 무언가를 제작하는 기술보다 무엇이 작품이 될지 선택하고 결정하는 안목이 더 중요해진 것이다.

'무엇이 미술가를 미술가로 만드는가?' AI가 던진 이 질문은 이제 막 우리 앞에 도착했다. 사진이 회화를 재현의 의무에서 해방시켰다면, 이제 AI는 미술가를 '창작의 현장'으로부터 멀어지게 만들지도 모른다. 우리는 이제 붓 대신 언어를, 직관 대신 선택을, 그리고 창조 대신 책임을 져야 하는 새로운 시험대에 섰다. 기계가 모든 것을 생성하는 시대, 인간에게 남겨진 마지막 영토는 어디인가? 그 답을 찾기 위해, 우리는 이제 창작의 과정을 해부하고 인간과 기계의 접점을 집중적으로 탐구하려 한다.

참고문헌

레프 마노비치(2014). 《뉴미디어의 언어》. 서정신·이재현 옮김. 커뮤니케이션북스.

발터 벤야민(2007). 《기술복제시대의 예술작품》. 최성만 옮김. 길.

존 버거(2012). 《다른 방식으로 보기》. 최민 옮김. 열화당.

히토 슈타이얼(2021). 《면세 미술: 지구 내전 시대의 미술》. 문혜진·김홍기 옮김. 워크룸프레스.

Groys, Boris(2008). 《Art Power》. MIT Press.

02
미술사와 인간사

AI가 가져온 충격을 논하기 위해 굳이 먼 과거의 미술사를 소환하는 것은, 옛이야기에서 위로를 얻거나 '이 또한 지나가리라'는 식의 막연한 낙관론을 펴기 위함이 아니다. 오히려 우리가 그동안 굳게 믿어 왔던 '예술의 진보'라는 신화가 얼마나 허약한 토대 위에 있었는지를 직시하기 위함이다.

노래하는 AI 보컬?

유화, 욕망을 소유하는 기술

미술사는 역사에 남은 몇몇 천재들의 이야기만이 아니라, 그 시대의 지배적인 욕망과 기술적 조건, 그리고 자본의 논리가 충돌하며 만들어 낸 이미지의 기록이다. 이처럼 미술이 개인의 재능이 아닌 시대적 조건의 산물이라면, 따라서 우리는 역사를 발전이 아닌 구조의 관점에서 다시 읽어야 한다. 그래야만 AI라는 거대한 파도가 우리에게 요구하는 진짜 질문, 즉 "기술이 모든 것을 대신할 때 인간은 무엇으로 남는가"라는 질문의 무게를 온전히 감당할 수 있기 때문이다.

15세기 플랑드르에서 유화가 발달한 것을 두고, 흔히 미술사 개론서들은 "사실적인 묘사를 위한 기술적 진보"라고 설명해 왔다. 화가들이 대상을 더 똑같이 그리고 싶어서 기법과 안료를 개량했다는 식이다. 하지만 이는 반쪽짜리 진실에 불과하다. 유화라는 매체가 가진 진짜 본질은 '사실성' 그 자체가 아니라, 대상을 소유하고자 하는 인간의 '물신주의적 욕망'에 닿아 있기 때문이다.

당시 북유럽의 신흥 부르주아와 상인들은 무역을 통해 막대한 부를 축적했고, 자신들의 성공을 눈앞에 영원히 붙잡아두고 싶어 했다. 그들에게 그림은 단순한 감상의 대상이 아니라, 자신의 부를 증명하는 또 하나의 '재산'이었다. 유화 특유의 끈적하고 깊은 질감, 그리고 투명한 층을 겹겹이 쌓아 올리는 기법은 비단, 모피, 금은 보화, 그리고 식탁 위의 음식들을 손으로 만질 수 있을 듯한 실재감 있는 '물건'으로 환원시켰다. 영국의 비평가 존 버거(John Berger)가 《다른 방식으로 보기》에서 이야기했듯, 유화는 세계를 단순히 '보는(seeing)' 대상이 아니라 '가지는(possessing)' 대상으로 치환한 매체였다. 버거에 따르면 16~19세기 유럽 유화의 대부분은 풍경, 과일, 가구, 토지와 건물 등 실질적인 재산을 묘사하여 벽에 걸어두는 형식을 취했다. 화면 속 사물들은 우연히 선택된 것이 아니라 거래 가능한 상품들이었으며, 유화 특유의 사실적인 질감과 광택은 그 재산의 가치를 시각적으로 보증하는 역할을 했다. 즉, 관람자는 그림을 보며 화폭에 펼쳐진 부의 목록을 확인하고, "이것은 나의 것이다"라는 안도감 혹은 "이것을 갖고 싶다"는 욕망을 내면화하게 된다. 이러한 맥락에서 유화는 세계를 소유 가능한 대상으로 재구성하는 시각적 장치로 기능했다고 볼 수 있다.

얀 반에이크(Jan van Eyck)의 위대함은 단순히 유화라는 새로운 기법을 기술적으로 정복했다는 사실에만 있지 않다. 그는 앞서 언급한 세속적 욕망을 종교적 도상 안에 교묘하고도 자연스럽게 봉인하는 방식을 택했다. 그의 제단화는 성인과 성모, 경건한 후원자의 얼굴을 그리고 있지만, 동시에 그들을 감싼 비단 옷의 주름, 찬란한 보석과 금실 자수, 정교한 기물들에 시선을 뺏기게 된다. 이 사물들은 단순한 배경 장식이 아니라 후원자의 부와 지위를 증명하기 위한 의도된 배치다. 후원자는 제단화 앞에서 신앙심을 고취하는 동시에, 손에 잡힐 듯 생생하게 묘사된 직물과 보석의 광채를 통해 자신의 세속적 성공을 확인하는 은밀한 만족감을 느꼈던 것이다.

따라서 유화의 역사를 단지 '재현 기술의 승리'로만 요약하는 것은 온당치 않다. 오히려 유화의 역사는 이미지가 소유와 자산의 논리 속으로 편입되는 과정, 즉 그림이 신앙의 도구에서 점차 투자 가능한 자산으로 전환되는 과정을 드러낸다고 볼 수 있다.

사진, 시선의 규율과 주체의 분열

19세기 사진의 등장을 화가와 카메라의 경쟁 구도로만 이해하는 것은 지나치게 단순한 접근이다. "사진이 묘사를 담당하니 회화는 추상으로 도피했다"는 식의 설명은 역사의 복잡한 층위를 드러내지 못한다. 1839년 루이 다게르(Louis Daguerre)가 은판 사진술을 발표하자 화가

폴 들라로슈(Paul Delaroche)는 "오늘부터 회화는 죽었다"고 탄식했다. 그러나 사진이 가져온 핵심적인 변화는 화가의 일자리를 대체한 데 있는 것이 아니라 '기계가 인간보다 더 정확하고 객관적일 수 있다'는 믿음, 즉 이른바 '기계적 객관성'이라는 관념을 확산시킨 데 있다.

이전까지 세계를 보고 해석하는 유일한 주체는 인간의 눈이었다. 하지만 사진의 등장은 인간의 눈을 불완전하고 주관적인 것으로, 때로는 믿을 수 없는 것으로 격하시켰다. 이 '정확한 기계'는 곧바로 권력의 도구가 되었다. 국가는 범죄자의 얼굴을 분류하기 위해, 병원은 환자의 증상을 기록하기 위해, 제국주의자들은 식민지의 인종과 자원을 채집하기 위해 카메라를 들었다. 사진은 예술이기 이전에 통제와 분류, 그리고 지배를 위한 가장 효율적인 기술이었다.

인상주의는 이러한 '기계적 시선'에 대한 예술가들의 본능적인 반작용 가운데 하나였지만, 동시에 그 영향력 아래에서 형성된 움직임이기도 했다. 특히 1841년 미국인 화가 존 고프 랜드(John Goffe Rand)가 발명한 튜브형 물감은 결정적이었다. 이 기술적 혁신 덕분에 화가들은 기름 냄새나는 작업실을 벗어나 야외로 나갈 수 있었고, 시시각각 변하는 빛을 포착할 수 있었다. 그들이 진정으로 천착했던 대상은 찰나마다 변하고 흩어지는 빛의 인상이었다. 그러나 역설적이게도 그 빛을 끈질기게 추적할수록, 하나의 고정된 시점으로 세계를 온전히 조망하는 일은 불가능해졌다. 결국 이러한 실험은 그동안 견고하게 유지되던 '단일한 관찰자'라는 전제에 치명적인 균열을 내는 결과를 가져왔다. 즉, 19세기의 미술사는 사실주의에서 추상으로의 직선적 발전이나 퇴보의 서사가 아니다. 그것은 기계 문명이라는 거대한 구조 속에서, 인간의 시각과 주체성이 어떻게 파편화되고 분열되는지를 드러내는 동시에, 그 속에서 새로운 감각과 형식을 모색한 실험의 기록이다.

아방가르드, 제도와의 불화와 포섭

20세기의 전위 예술(아방가르드)을 기술에 대한 찬양이나 거부로만 읽는다면, 우리는 뒤샹의 변기 앞에서 영원히 길을 잃게 된다. 뒤샹이 남성용 소변기에 서명을 하고 〈샘(Fountain)〉(1917)이라는 제목을 붙여 미술관에 던져 넣었을 때, 그는 단순히 장난을 친 것이 아니었다. 그는 '만드는 기술'이 예술의 본질이라는 수천 년의 믿음을 깨부수고, 그 자리에 '선택하는 권력(Authority)'의 문제를 올려놓았다.

그는 우리에게 묻고 있다. "이것을 예술로 만드는 것은 작가의 땀 흘리는 손길인가, 아니면 이것을 승인해 주는 미술관이라는 제도인가?" 이것은 미학적 질문이 아니라 지극히 정치적인 질문이다. 기술 복제 시대에 작가의 신비로운 '아우라(Aura)'가 사라졌음을 통찰한 발터 베냐민(Walter Benjamin)처럼, 뒤샹은 이미 예술이 자본과 제도의 승인 시스템 안에서 작동하고 있음을 폭로했다. 예술가가 무언가를 창조하는 신적인 존재라기보다 이미 존재하는 공산품을 선택하고 그 문맥을 전복적으로 바꾸는 기획자라는 점을 전면에 드러낸 것이었다. 하지만 아이러니하게도 미술관 제도는 이 급진적 전복의 시도마저 '개념 미술'이라는 라벨을 붙여 제도권 안으로 흡수해 버렸다.

비판조차 상품이 되는 시대, 팝 아트에 이르러서는 아예 소비 사회의 상품 미학이 미술관의 문턱을 넘어와 주인이 되었다. 앤디 워홀이 "돈을 버는 것이 최고의 예술"이라고 했을 때, 그것은 냉소적인 농담이 아니라 미술계가 처한 적나라한 현실이었다. 실제로 1960년대 미국은 대량 생산과 소비가 미덕이 된 고도 자본주의 사회였다. 워홀은 이 시대의 흐름을 누구보다 예민하게 포착한 인물이었다. 그는 고독한 천재가 붓질을 하는 전통적인 창작 방식을 거부하고, 자신의 작업실을 '팩토리(The Factory)'라 불렀다. 그곳에서 그는 공장처럼 조수들을 고용해 실크스크린 기법으로 이미지를 무한히 찍어냈다. 그에게 예술 작품은 마트 진열대의 통조림 캔처럼 대중이 소비할 수 있는 매력적인 '상품'이어야 했기 때문이다. 그것은 워홀의 속물근성에서 나온 말이라기보다는 예술을 신성한 영역에 가두려는 위선을 걷어치우고 예술이 곧 비즈니스임을 직시하자는, 가장 솔직하고도 서늘한 리얼리즘의 선언이었다. 이는 우리가 오랫동안 믿어왔던 '예술의 순수성'이라는 신화가 얼마나 취약한 것인지를 폭로하며, 미술사의 진짜 민낯을 보도록 하는 것이었다.

이런 눈으로 다시 보면, 미술사는 몇몇 천재들의 영웅담으로만 설명될 수 있는 이야기가 아니다. 오히려 제도 밖으로 나가려는 미술가의 몸부림과 그것을 다시 고가의 상품으로 전환하려는 거대 자본 사이에서 집요하게 되풀이되는 술래잡기에 더 가까운 역사다.

AI, '인간 없음'의 미술사?

그렇다면 지금의 AI 아트는 이 긴 역사의 어디쯤 위치하고 있을까? 우리는 지금껏 경험해 보지 못한, 새로운 전환 앞에 서 있다. 유화도, 사진도, 심지어 포토샵을 이용한 디지털 아트도 결국은 '인간이' 도구를 손에 쥐고 세계를 해석하는 과정이었다. 도구는 인간의 신체나 인지 능력을 확장해 주는 역할을 했다. 하지만 생성형 AI는 다르다. 이것은 인간의 해석을 돕는 것이 아니라 인간의 해석 과정을 '건너뛴다'.

AI는 세계를 직접 보거나 경험하지 않는다. 그저 인터넷에 떠도는 수십억 장의 데이터화된 이미지 사이에서 통계적인 확률 분포를 계산할 뿐이다. "석양을 그려줘"라는 명령어에 AI가 반응할 때, 거기에는 붉은 노을을 보며 느꼈던 화가의 감동이나 떨림은 존재하지 않는다. 오직 '석양'이라는 태그가 붙은 이미지들의 평균값만이 존재할 뿐이다. 여기서 인간의 신체, 화가의 붓질, 고뇌하는 주체는 완전히 소거된다. 이것은 미디어 이론가 빌렘 플루서(Vilém Flusser)가 경고했던 '기술적 형상'의 디스토피아적 실현에 가깝다. 인간은 기계(장치)의 입력을 위한 변수가 되고, 기계가 뱉어내는 이미지를 소비하는 수동적인 관객으로 전락한다.

더욱 심각한 것은 '블랙박스'의 문제다. 과거의 화가는 자신의 기법을 통제할 수 있었다. 붓을 세게 누르면 굵은 선이 나오고, 물을 많이 섞으면 흐린 색이 나온다는 인과

관계를 장악하고 있었다. 해롤드 코헨이 1970년대부터 개발한 '아론(AARON)'은 엄밀히 말해 작가가 설계한 조형 규칙을 담은 '소프트웨어'이자, 이를 물리적으로 수행하기 위해 기계 팔을 빌린 '로봇 화가'였다. 코헨은 이 프로그램에 '선을 그어라', '색을 칠해라'와 같은 명시적 규칙을 직접 코드로 입력했다. 따라서 로봇이 수행하는 모든 붓질의 인과관계는 작가의 완벽한 통제 하에 있는 '투명한 상자(White Box)'였다. 즉, 아론은 스스로 판단하는 자율적 주체라기보다 코헨의 미적 논리를 충실히 이행하는 대리인이자, 신체의 확장된 도구였다.

21세기의 딥러닝 모델은 과거의 인공지능과 근본적으로 다른 차원에 존재한다. 해롤드 코헨의 '아론'이 작가가 입력한 명료한 규칙 체계 안에서 선을 긋고 색을 칠했다면, 미드저니와 같은 현대의 거대 모델은 기계 스스로 수십억 장의 이미지 데이터를 학습하여 패턴을 추출하는 '연결주의(Connectionism)' 방식을 따른다.

이는 인간의 뇌신경망이 정보를 처리하는 구조를 모방한 것이다. 마치 수많은 뉴런이 얽혀 기억을 형성하듯, AI는 데이터 사이의 미세한 관계를 수억 개의 '가중치(Weight)'라는 수치로 변환하여 거대한 '잠재 공간(Latent Space)'을 구축한다. AI는 이제 입력된 규칙을 수행하는 것이 아니라, 스스로 구축한 수의 바다에서 확률적인 답을 건져 올린다.

문제는 이 과정이 수백 개의 은닉층(Hidden Layer)과 수십억 개의 매개 변수를 거치며 비선형적으로 이루어진다는 점이다. 입력값(프롬프트)이 어떤 경로를 통해 결괏값(이미지)으로 도출되었는지, 그 인과관계는 개발자조차 명확히 설명할 수 없다. 입력과 출력은 존재하되 그 사이의 창작 과정은 짙은 안개 속에 가려진, 이른바 '블랙박스(Black Box)'의 영역으로 남게 된 것이다. 즉, 과거의 AI가 작가의 명령을 수행하는 '논리적 기계'였다면, 지금의 AI는 통제 불가능한 확률의 바다에서 이미지를 건져 올리는 '예측 불가능한 블랙박스'다. 바로 이 지점에서 예술가의 역할은 기계를 조종하는 것에서, 블랙박스가 뱉어낸 우연적 결과물을 '해석'하고 '승인'하는 것으로 전환된다.

문제는 이 '검은 상자'의 소유권에 있다. 거대 테크 기업이 설계하고 소유한 알고리즘의 편향성과 데이터 착취 구조는 바로 이 기술적 불투명성과 "누구나 손쉽게 창작할 수 있다"는 창작의 자유 담론 아래에서 쉽게 보이지 않는다. 우리가 생성형 AI 이미지의 화려하고 매끄러운 결과물에 감탄하는 동안, 창작의 주도권은 점점 개별 작가에게서 거대 플랫폼과 알고리즘을 통제하는 자본으로 이동하고 있다. '인간 없음'의 미술사는 이미 완결된 현실이라기보다, 지금 우리가 외면할 경우 머지않아 현실이 될 수 있는 가능성으로 눈앞에 떠오른다. 이 가능성 앞에서 우리는 다시 한번 "AI 시대의 예술에서 인간의 역할과 책임은 어디까지인가?"라는 질문을 피할 수 없게 된다.

인간은 어디에 있는가

미술사를 다시 읽는다는 것은 기술적 편의성 이면에 은폐된 권력의 이동 경로를 추적하는 과정이다. 15세기의 유화는 인간의 욕망을 상품과 자산의 형식으로 시각화하는 기제로 작동했고, 19세기의 사진은 시선을 규율화하며 관찰자의 주체성을 분열시키는 장치로 기능했다. 이러한 맥락에서 21세기의 AI는 인간이라는 창작 주체가 주변화되거나 완전히 소거될 위기에 처했음을 시사한다. 이 거대한 흐름 앞에서 요구되는 태도는 무엇인가. 단순히 AI의 조형적 기능을 습득하여 매끄러운 이미지를 산출하는 기술적 숙련도만으로는 불충분하다. 이는 기술적 논리에 주체를 종속시킬 위험을 내포하기 때문이다. 오히려 "알고리즘이 배제한 것은 무엇인가", "데이터로 환원 불가능한 인간의 고유한 경험은 무엇인가"를 묻는 비판적 질문자로서의 위치 설정이 선행되어야 한다.

미술사는 단순한 도구의 발전사가 아니다. 미술사는 '본다'는 행위와 '표현한다'는 권력을 누가, 어떤 방식으로 행사할 것인가를 둘러싼 정의와 선택의 역사였다. 이제 우리는 물리적 캔버스를 넘어, 거대 데이터 센터와 보이지 않는 알고리즘의 설계 원리 앞에서도 이 긴장 관계를 유지해야 한다. 이어지는 장에서는 이 논의의 최전선, AI 환경에서 '작가' 개념이 어떤 방식으로 재구성되고 있는지, 그리고 변화된 창작 조건 속에서 인간의 위치를 어떻게 다시 설정할 수 있을지에 대해 보다 구체적으로 다룰 것이다.

참고문헌

발터 벤야민(2007). 《기술복제시대의 예술작품》. 최성만 옮김. 길.

빌렘 플루서(1999). 《사진의 철학을 위하여》. 윤종석 옮김. 커뮤니케이션북스.

아르놀트 하우저(2016). 《문학과 예술의 사회사 2: 르네상스, 매너리즘, 바로크》. 백낙청 옮김. 창비.

존 버거(2012). 《다른 방식으로 보기》. 최민 옮김. 열화당.

페터 뷔르거(2009). 《아방가르드 이론》. 최성만 옮김. 지식을만드는지식.

McCorduck, P.(1991). *Aaron's Code: Meta-Art, Artificial Intelligence, and the Work of Harold Cohen.* W.H. Freeman & Co.

03
창작 주체의 해체와 재구성

우리는 흔히 예술가를 고독한 천재, 혹은 영감을 받아 무언가를 창조하는 특별한 개인으로 상상한다. 하지만 20세기 중반 이후, 이 견고했던 '작가'라는 신화는 무너지기 시작했다. 이것은 단순한 유행의 변화가 아니다. 1968년 혁명의 뜨거운 열기 속에서, 그리고 자본주의 대량생산 체제의 기계 시스템 속에서 미술가들은 스스로에게 묻기 시작했다. "내가 만드는 것인가, 아니면 사회가 나를 통해 만드는 것인가?"

인공지능과 편향?

신화의 해체: 창조자에서 필사자로

이 장에서는 텍스트의 감옥에서 탈출한 문학 이론부터, 공장의 매니저가 된 팝 아티스트, 그리고 사람들과의 관계성 자체를 작품의 형식으로 제시한 현대 미술가들까지, 창작의 주체가 어떻게 해체되고 재조립되었는지 그 역동적인 궤적을 추적한다. 그리고 그 끝에서, 우리는 AI라는 새로운 파트너를 맞이할 준비가 되어 있는지 묻게 될 것이다.

창작 주체의 절대성에 대한 비판적 논의는 1968년 프랑스의 구조주의 철학자 롤랑 바르트(Roland Barthes)가 발표한 에세이 〈저자의 죽음(The Death of the Author)〉에서 비로소 본격화되었다. 1968년이라는 시점은 정치적, 사회적으로 권위에 대한 저항이 극에 달했던 혁명의 시기였으며, 이러한 흐름은 예술 이론 내부에서도 '독창적 천재'라는 낡은 권위를 무너뜨리는 형태로 나타났다. 바르트가 글로 겨냥했던 대상은 작품의 의미를 독점하고 고정하며, 무에서 유를 창조한다고 믿어지는 '신적 창조자(Author-God)'로서의 작가였다.

전통적인 관점에서 작가는 작품보다 선행하며, 작품에 영양분을 공급하는 아버지와 같은 존재로 여겨졌다. 그러나 바르트는 이 절대적 권위를 박탈하고, 그 자리에

'필사자(Scriptor)'라는, 보다 건조하고 기능적인 개념을 제시한다. 필사자는 자신의 내면에 있는 고뇌나 열정, 영감을 밖으로 끄집어내어 표현하는 낭만적 예술가가 아니다. 그는 오히려 이미 문화 속에 존재하는 수많은 어휘와 문장, 이미지의 파편들을 수집하고, 그것들을 새로운 순서로 재배치하거나 모방하는 '수행자'에 가깝다. 바르트에게 텍스트란 "수많은 문화의 중심에서 온 인용들의 직물(Tissue of quotations)"이며, 작가란 이 직물을 짜는 직조공일 뿐, 실을 직접 만들어 내는 창조주가 아닌 것이다.

흥미로운 점은 바르트가 반세기 전에 문학 이론으로 정립했던 이 '필사자'의 개념이, 21세기에 이르러 생성형 AI의 작동 메커니즘을 통해 기술적으로 완벽하게 구현되었다는 사실이다. 미드저니(Midjourney) 등과 같은 AI 모델이 학습하는 방식은 바르트의 통찰과 구조적인 상동성을 갖는다. AI는 인터넷이라는 거대한 데이터의 바다에서 수십억 장의 이미지와 텍스트를 학습한다. 이것은 바르트가 말한 "수많은 문화의 중심에서 온 인용"을 데이터베이스화하는 과정이다. 그리고 사용자가 프롬프트를 입력하면, AI는 잠재 공간 속에서 확률적 연산을 통해 픽셀들을 조합하여 이미지를 산출한다. 이는 필사자가 기존의 언어를 재조합하여 텍스트라는 직물을 짜는 행위와 정확히 일치한다.

따라서 AI는 '영혼이 없는 기계'라기보다는 바르트가 예견했던 '내면 없는 필사자'의 가장 진화된 형태라고 볼 수 있다. 필사자에게는 낭만주의적 자아나 표현해야 할 감정의 심연이 없다. 오직 방대한 언어의 저장고(사전)와 그것을 섞어낼 수 있는 조합의 능력만이 존재할 뿐이다. AI 역시 고통이나 환희를 느끼지 않으며, 오직 데이터의 패턴을 모방하고 변주할 뿐이다. 이러한 관점에서 볼 때, AI가 생성한 이미지를 두고 "독창성이 결여되었다"거나 "짜깁기에 불과하다"고 비난하는 것은 옳지 않다. AI의 본질은 애초에 '무(無)에서의 창조'가 아니라 '기원 없는 인용들의 무한한 재구성'에 있기 때문이다.

이제 우리는 엄중한 사실을 직시해야 한다. 1968년 롤랑 바르트가 말했던 '저자의 죽음'이 당시에는 급진적인 이론적 선언에 머물렀다면, 오늘날의 AI 기술은 그것을 거부할 수 없는 물리적 실체로 구현해 냈다. 창작의 주도권은 '누가 전에 없던 새로운 것을 발명해 내는가'의 차원에 머물지 않는다. 그것은 이제 '누가 기존의 거대한 데이터의 지층 속에서 유의미한 맥락을 발굴하고, 그것을 어떻게 독창적으로 재조합해 내는가'의 문제로 이동하고 있다. 바로 이러한 지점에서 우리는 '창조'라는 단어를 성급히 폐기 처분할 것이 아니라 오히려 그 개념의 범위를 '단순 제작'에서 '고도의 편집'과 '기획'의 층위로 확장해야 할 당위성을 발견하게 된다.

제도적 장치: 작가 기능

미셸 푸코(Michel Foucault)는 1969년 강연 "저자란 무엇인가?"를 통해 저자와 작가의 개념을 구분하며, 사회·제도적 차원으로 확장한다. 그는 '저자'를 실존하는 천재적 개인이 아니라, 담론 내에서 특정한 역할을 수행하는 '저자 기능(la fonction-auteur)'으로 파악한다. 푸코에 따르면 저자의 이름은 단순히 한 인간을 가리키는 고유명사가 아니다. 그것은 텍스트들을 분류하고 통일성을 부여하며, 작품의 가치를 보증하고, 나아가 텍스트에 대한 법적·사회적 책임을 특정한 주체에게 귀속시키기 위해 작동하는 제도적 장치다.

이러한 푸코의 분석은 AI 시대에 '인간 예술가가 왜 필요한가'라는 질문을 다시 사유하게 만드는 중요한 법리적·윤리적 단서를 제공한다. 기계는 이미지를 생성할 수는 있으나, 사회적·법적 주체가 아니므로 자신의 산출물에 대해 책임을 질 수 없다. 현재의 저작권 제도와 플랫폼 구조 아래에서 이 책임은 기업, 유통 플랫폼, 법원, 관객 등 여러 행위자 사이에 분산되어 있지만, 푸코의 관점에서 보면 이들 중 누군가는 여전히 '작가 기능'을 수행해야 한다. 이 책이 제안하는 것은, AI 시대의 인간 예술가를 물리적 제작자에 머무르지 않고, 생성된 결과물을 사회적 담론 속으로 편입시키고 그 파장에 응답하는 '작가 기능의 핵심적 수행자이자 승인 주체'로 다시 위치시키는 일이다.

결국 1960년대 후반의 구조주의 미학은 현대의 기술적 상황을 이해하는 데 여전히 중요한 분석 틀로 작동한다. 바르트와 푸코의 논의를 경유해 볼 때, AI 시대의 창작은 '무(無)에서의 창조'라는 낭만주의적 신화에서 벗어나 '데이터의 재조합'과 '사회적 책임의 승인'이라는 두 축을 중심으로 다시 설명될 수 있다. 이는 미술사의 흐름이 기술적 도구의 발전과 더불어, 제작 중심에서 선택과 편집으로, 그리고 육체적 노동에서 비판적 판단과 책임의 수행으로 무게중심이 옮겨 왔음을 시사한다.

개념 미술

이러한 이론적 전환은 1960년대 개념 미술 작가들에게 강력한 무기가 되었다. 당시는 베트남 전쟁 반대 시위와 흑인 민권 운동이 격화되던 시기였고, 미술가들은 자신의 작품이 부유층의 거실을 장식하는 비싼 상품으로 전락하는 현실에 깊은 환멸을 느끼고 있었다. 그들은 '물질' 중심의 작품 생산에서 거리를 두고 '개념'을 전면에 내세움으로써, 예술을 소유의 대상이라기보다 사유와 비판의 계기로 전환하고자 했다.

같은 시기, 한스 하케(Hans Haacke)와 다니엘 뷔렌(Daniel Buren) 같은 작가들은 작가 개인을 넘어 '미술 제도' 자체가 가진 권력을 비판했다. 1971년 하케는 구겐하임 미술관 전시를 위해 〈샤폴스키 등의 맨해튼 부동산 소유 현황(Shapolsky et al. Manhattan Real Estate Holdings, a Real-Time Social System, as of May 1, 1971)〉이라는 작품을 준비했다.

이 작품은 맨해튼의 슬럼가 부동산을 투기적으로 매입하고 관리 소홀로 방치해 온 특정 가문의 부동산 네트워크를 꼼꼼하게 추적한 일종의 사회학적 다큐멘테이션이었다. 문제는 이 투기 세력이 구겐하임 미술관의 주요 후원자들과 연결되어 있었다는 점이다. 미술관은 결국 전시를 취소하고 작품을 검열했다. 이 사건을 통해 하케는 '순수한 예술 공간'으로 여겨지던 미술관이 사실은 자본과 정치적 이해관계가 교차하는 권력의 장이라는 점을 노출했다.

프랑스의 다니엘 뷔렌 역시 8.7cm 너비의 줄무늬 천을 이용해 미술관의 권위를 비틀었다. 그의 줄무늬가 미술관 액자에 걸리면 '고상한 작품' 대접을 받지만, 미술관 밖 길거리에 붙으면 '광고 전단지'나 '낙서' 취급을 받는다. 뷔렌은 이를 통해 작품의 가치가 작가의 천재성만이 아니라 그것이 놓인 '장소(제도)'에 의해 결정된다는 서늘한 진실을 보여 주었다.

여기서 중요한 것은 줄무늬 자체가 아니라 어디에 · 어떻게 놓이느냐다. 8.7cm라는 고정된 폭의 줄무늬는 의도적으로 아무런 서사나 상징을 담지 않은, 거의 '무표정한' 패턴이다. 줄무늬 그 자체로는 특별한 의미를 요구하지 않는다. 오히려 그 무표정함 덕분에, 같은 이미지를 미술관 안에 걸었을 때와 지하철 역 벽이나 거리의 벽보 위에 붙였을 때 관람자의 태도가 어떻게 달라지는지, 그리고 그 차이를 만들어 내는 진짜 장치가 무엇인지를 극명하게 드러내는 시각적 실험 도구로 기능한다.

뷔렌의 작업은 "무엇이 예술인가?"라는 질문을 작품 내부의 형식이나 내용이 아니라, 작품을 둘러싼 프레임과 장소, 제도적 맥락으로 이동시킨다. 그의 줄무늬는 화가의 손재주를 증명하는 대신, 미술관이라는 장치가 어떻게 어떤 이미지는 예술로 승격시키고, 어떤 이미지는 평범한 인쇄물이나 광고로 밀어내는지를 가시화한다. 개념 미술에서 작가란 새로운 이미지를 끝없이 생산하는 사람이 아니라, 동일한 이미지를 서로 다른 맥락에 배치함으로써 제도의 규칙을 드러내고, 그 규칙에 질문을 던지는 기획자에 가깝다는 점을 뷔렌은 줄무늬를 통해 실험하고 있었던 것이다.

1980년대: 작가, 브랜드 매니저가 되다

1980년대로 넘어오면서 분위기는 급변했다. 로널드 레이건과 마거릿 대처로 대표되는 신자유주의 시대가 열리면서, 공공 예술 지원금은 삭감되었고 미술 시장은 폭발적으로 성장했다. 이 무렵, 주류 미술 시장의 중심에 진입한 작가들에게 요구된 것은 체제에 대한 저항보다는 유능한 비즈니스 감각이었다.

제프 쿤스(Jeff Koons)는 이 시대를 상징하는 아이콘이다. 매끈한 스테인리스 스틸로 만든 그의 〈풍선 개(Balloon Dog)〉는 키치적인 대중문화를 고급 예술의 문법으로 번역한 것이다. 중요한 것은 그가 작품을 만드는 방식이다. 그는 거대한 스튜디오를 공장처럼 운영하며 수많은 조수에게 작업을 시켰고, 자신은 철저하게 지시와 감독, 그리고 매스 미디어 마케팅에 집중했다. 여기서 작가는 영감의 원천이라기보다 철저한 '브랜드 매니저'이자 '품질 관리자(QC)'의 역할을 수행한다. 쿤스의 전략은 자본주의식 생산 체계를 미술 현장 안으로 그대로 끌어들임으로써, 예술의 '신성함'이라는 오래된 이미지를 희화화하는 동시에 미술의 상업적 욕망을 노골적으로 드러내는 방식으로 기능했다.

영국의 'yBa(young British artists)' 그룹을 이끌었던 데미안 허스트(Damien Hirst)의 사례는 창작 주체의 해체가 자본주의의 최첨단에서 어떤 기이한 형태로 재구축되는지를 극명하게 보여 준다. 2007년 그는 실제 18세기 인간의 유골에 백금 틀을 씌우고 8601개의 최상급 다이아몬드를 촘촘히 박아 넣은 작품 〈신의 사랑을 위하여(For the Love of God)〉를 발표했다. 제작비만 약 1400만 파운드(한화 약 250억 원)가 투입된 이 호화로운 스펙터클 앞에서, 우리는 예술가의 전통적인 덕목인 '수공예적 숙련도'를 찾아볼 수 없다.

실제로 다이아몬드를 세공하고 배치한 것은 허스트의 손이 아니라, 왕실 보석상인 '벤틀리 앤 스키너(Bentley & Skinner)'의 숙련된 장인들이었다. 그렇다면 이 프로젝트에서 허스트가 수행한 '창작'의 실체는 무엇인가? 그것은 아이디어를 구상하는 것을 넘어, 막대한 제작비를 조달하는 펀드 매니저의 역할이자, 논란을 증폭시켜 미디어의 이목을 집중시키는 홍보 전문가의 역할이었으며, 나아가 경매 시장에서 작품의 가격을 방어하고 관리하는 영리한 전략가의 역할이었다.

과거의 비평가들은 이를 두고 '예술의 상업화' 혹은 '작가의 타락'이라 비판했지만, 냉정하게 진단하자면 이는 작가의 정체성이 '제작자'에서 '경영자'로 완전히 이행했음을 알리는 신호탄이었다. 허스트에게서 창작이란 캔버스 위에서의 고독한 투쟁이 아니라 거대 자본과 인력을 운용하여 자신의 콘셉트를 물리적 실체로 구현해 내는 '프로젝트 매니지먼트' 그 자체였다.

여기서 작가는 죽은 것이 아니다. 오히려 그는 금융 자본가이자 엔터테인먼트 기업의 총수와 같은 모습으로 변신하여, 작품의 생산과 유통, 가치 평가의 전 과정을 장악하는 더 강력한 권력자로 부활했다. 이는 AI 시대의 미술가가 단순히 명령어를 입력하는 사용자를 넘어, 데이터와 알고리즘, 그리고 자본의 흐름을 조율하는 총괄 디렉터로 진화해야 함을 예고하는 강력한 전조라 할 수 있다.

1990년대 관계 미학: 만남이 예술이 될 때

1990년대, 인터넷의 보급으로 정보의 전달 속도는 가속화되었지만, 역설적으로 인간 간의 직접적인 접촉은 희미해지기 시작했다. 거품 경제의 붕괴와 냉전 종식 이후의 다문화주의 확산이라는 복잡한 배경 속에서, 프랑스의 큐레이터 니콜라 부리오(Nicolas Bourriaud)는 미술의 새로운 존재 방식을 포착하고 이를 '관계 미학'이라 명명했다. 그에 따르면, 이제 예술은 독립적인 오브제(물건)를 만드는 것이 아니라 사람들 사이의 '사회적 간극'을 메우고 새로운 관계를 형성하는 '만남의 상태' 그 자체가 되었다.

이 흐름을 상징하는 가장 결정적인 장면은 리크리트 티라바니야(Rirkrit Tiravanija)의 1992년 전시 〈무제(공짜)〉에서 연출되었다. 그는 고상한 침묵이 흐르던 뉴욕 303 갤러리의 사무실과 창고를 뜯어내고, 그 자리에 가스 버너와 냄비, 식탁을 들여놓았다. 그리고 관객들에게 태국식 팟타이 국수를 직접 요리하여 무료로 대접했다. 이 전시에서 '작품'이라 부를 수 있는 물체는 없었다. 남은 것은 국수 냄새와, 모르는 사람들이 어깨를 부딪치며 음식을 먹는 소음, 그리고 그 과정에서 오가는 대화뿐이었다. 티라바니야는 작가를 고독한 창조자에서 '촉매자'

혹은 '호스트'로 전환시켰다. 그는 "이것을 보라"고 강요하는 대신 "이 상황에 참여하라"고 권유했다. 예술의 본질이 시각적 관조에서 공동체적 유대감의 체험으로 이동한 것이다. 부리오는 이를 두고 "예술이 소규모의 유토피아, 즉 '미시적 유토피아'를 실현했다"고 극찬했다.

그러나 2004년 영국의 미술사학자 클레어 비숍(Claire Bishop)은 아티클 "적대와 관계 미학"을 통해 부리오의 낙관론을 정면으로 반박했다. 그녀의 비판은 날카롭고 윤리적이었다. "갤러리에서 국수를 먹으며 나누는 대화가 과연 민주적인가?"

비숍이 보기에 관계 미학이 말하는 '관계'는 기만적이었다. 팟타이를 먹으러 갤러리에 올 수 있는 사람들은 이미 미술 제도에 익숙하고, 시간적 여유가 있는 중산층 엘리트들이라는 것이다. 그들끼리의 안전하고 배타적인 사교 파티를 두고 '민주적 소통'이라 포장하는 것은 위선이다. 비숍은 진정한 민주주의란 모두가 웃으며 합의하는 것이 아니라 서로 다른 의견이 충돌하고 갈등하는 적대성이 살아있을 때 가능하다고 보았다. 따라서 갈등을 봉합하고 우리끼리 좋으면 그만이라는 식의 관계 미학은 적대감이 거세된 가짜 민주주의에 불과하다는 것이다.

이러한 비판은 '참여'와 '협업'을 내세우는 공공 미술

프로젝트의 구조적 모순으로 확장된다. 토마스 히어쉬호른(Thomas Hirschhorn)의 〈그람시 기념비(Gramsci Monument)〉(2013)가 대표적인 사례다. 작가는 뉴욕 브롱크스의 빈민가 주민들을 고용하여 도서관과 무대, 라디오 방송국 등으로 구성된 가설 구조물을 짓고 한 달간 운영했다. 외형적으로는 지역 주민이 주체가 된 완벽한 '참여형 예술'처럼 보였다. 그러나 전시가 끝나고 구조물이 철거되었을 때 남은 것은 무엇인가? 주민들은 일당을 받고 일상으로 돌아갔지만, 이 프로젝트의 막대한 명성과 미학적 가치는 오직 '토마스 히어쉬호른'이라는 작가 개인의 포트폴리오로 귀속되었다. 비숍은 이를 '위임된 수행'의 문제라고 지적한다. 작가는 타인의 노동과 정체성을 작품의 재료로 사용하고, 그 '진정성'만을 착취하여 자신의 예술적 자본으로 삼는다는 것이다.

1990년대의 이 논쟁은 AI 시대를 살아가는 우리에게 서늘한 기시감을 준다. 관계 미학 작가들이 '타인의 참여'를 재료로 삼아 명성을 얻었듯, 오늘의 AI 모델은 '인류의 데이터'를 재료로 삼아 결과물을 내놓는다. 티라바니야의 국수를 먹어 준 관객이 있었기에 작품이 성립했듯, 우리의 데이터가 있었기에 AI가 존재한다. 그러나 히어쉬호른의 명성이 주민들에게 분배되지 않았듯, AI가 창출한 가치는 데이터 원작자들에게 환원되지 않는다.

결국 1990년대의 관계 미학 논쟁은 "타인의 흔적을 섞어 만든 결과물의 주인은 누구인가?"라는 질문을 미리 던짐으로써, 21세기 '호모 아르비터'가 해결해야 할 가장 난해한 윤리적 숙제를 예고하고 있었던 셈이다.

디지털과 AI: 되돌아온 권력의 질문

디지털 네트워크의 확장은 미술계의 지형도, 특히 정보의 유통 구조를 근본적으로 재편했다. 안톤 비도클레(Anton Vidokle)가 설립한 '이플럭스(e-flux)'는 전 세계의 미술 정보를 실시간으로 송수신하는 허브로 기능했으나, 동시에 그 정보의 위계를 결정하는 강력한 '게이트키퍼(gatekeeper)'로 군림했다. 여기서 게이트키퍼란 단순히 문을 지키는 자가 아니라 범람하는 데이터 속에서 무엇이 '예술'로서의 시민권을 획득할 수 있는지를 판별하고 승인하는 권력을 의미한다. 외형상 네트워크는 수평적 연결을 지향하는 듯 보였으나, 실상은 이러한 문지기들이 정보의 흐름을 통제하며 새로운 중앙 권력으로 부상하고 있었던 것이다.

레바논 작가 월리드 라드(Walid Raad)의 프로젝트 〈아틀라스 그룹(The Atlas Group)〉은 이러한 모순을 예리하게 포착한다. 그는 15년간 지속된 레바논 내전의 트라우마를 가상의 아카이브 형식으로 재구성하여, 사실과 허구가 혼재된 복합적 기록물을 직조해 냈다. 그러나 역설적이게도 제3세계의 폭력과 상처를 다룬 이 작업이 '동시대 미술(Contemporary Art)'로서 제도적 승인을 획득하고 소비된 장소는 레바논의 거리가 아니었다. 그것은 뉴욕 현대미술관(MoMA)이나 런던 테이트 모던(Tate Modern)과 같은 서구의 거대 미술 기관이었다.

이러한 현상은 무엇을 방증하는가. 인터넷이 전 세계를 하나의 망으로 연결했다고 해서, 발언권의 평등까지 자동적으로 담보되는 것은 아니라는 사실이다. 레바논에서 생산된 경험과 데이터가 예술적 가치로 번역되는 과정에서, 최종적인 승인권은 여전히 서구의 제도와 시장, 즉 플랫폼과 네트워크 인프라를 소유한 쪽에 귀속되어 있다. 데이터의 채굴지는 전 지구적으로 확장되었으나 그 가치를 규정하고 유통을 통제하는 '본사'의 지정학적 위치는 공고했던 것이다.

우리는 이러한 디지털의 모순적 역사를 통과하여, 이제 AI라는 더 거대한 기술적 조건과 마주하고 있다. 일각에서는 AI가 인간 작가를 대체할 것이라는 종말론을, 다른 한편에서는 창의성의 해방을 가져올 것이라는 낙관론을 이야기한다. 그러나 기술 미디어의 역사가 반복적으로 증명해 온 것은 기술 그 자체의 성능보다 그 기술을 둘러싼 '권력의 배치'가 훨씬 더 결정적이라는 사실이다.

그렇다면 AI와의 협업 과정에서 창작의 주체는 과연 누구인가. 프롬프트를 입력한 사용자인가, 알고리즘을 설계한 엔지니어인가, 아니면 학습 데이터의 원천을 제공한 수많은 익명의 저작자들인가. 이 질문은 기술적 차원에서 새롭게 등장한 듯 보이지만, 실상 그 뿌리는 깊다. 이는 1960년대 솔 르윗(Sol LeWitt)이 던졌던 개념미술의 화두 그리고 1990년대 리크리트 티라바니야를 위시한 관계 미학의 논쟁들이 제기했던 질문의 연장선 위에 놓여 있다. 다음 장에서는 이러한 미술사적 맥락을 나침반 삼아 AI라는 새로운 협력자의 성격을 살펴보고, 기계와 인간이 맺을 수 있는 새로운 창작 계약의 조건을 탐색해 보고자 한다. 결국 이것은 단순한 기술의 문제가 아니라 여전히 주체와 책임, 그리고 권력을 둘러싼 오래된 인간의 문제이기 때문이다.

참고문헌

니콜라 부리오(2011). 《관계의 미학》. 현영애 옮김. 미진사.
롤랑 바르트(1997). 〈저자의 죽음〉. 《텍스트의 즐거움》. 김희영 옮김. 동문선.
미셸 푸코(1996). 《미셸 푸코의 문학 비평》. 김현 옮김. 문학과 지성사.
페터 뷔르거(2009). 《아방가르드 이론》. 최성만 옮김. 지식을만드는지식.
할 포스터(2010). 《실재의 귀환: 세기말의 아방가르드》. 이영욱 외 옮김. 경성대학교출판부.
Haacke, H.(1975). *Framing and Being Framed: 7 Works 1970-75*. Press of the Nova Scotia College of Art and Design.
Hirst, D.(2007). *For the Love of God: The Making of the Diamond Skull*. White Cube.
Koons, J.(1992). *The Jeff Koons Handbook*. Thames & Hudson.
LeWitt, S.(1967). Paragraphs on Conceptual Art. *Artforum, 5*(10), pp.79~83.
Weiner, L.(1968). *Statements*. Seth Siegelaub.

04
질문하는 인간, 대답하는 기계

기계가 수행하는 매끄러운 산출과 인간이 고뇌하며 던지는 질문 사이에는 작동 방식과 존재 양태에서 깊은 간극이 존재한다. 이 장에서는 '대답하는 기계'로서 AI의 메커니즘을 분석하고, 왜 '질문하는 능력'이 AI 시대 예술의 주도권을 가늠하는 핵심적인 기준 가운데 하나가 되는지를 살펴본다.

청각장애인과 AI?

확률적 앵무새와 시각적 환각의 본질

생성형 AI가 내놓는 결과물은 우리에게 종종 시각적 충격을 선사한다. 미드저니 등의 확산 모델이 생성한 이미지는 인간 화가가 오랜 수련 끝에야 도달할 수 있는 밀도와 기교를 비교적 짧은 시간 안에 구현해 내기 때문이다. 이러한 압도적인 시각 정보 앞에서 관람자는 AI가 마치 인간처럼 대상을 인지하고 상상하여 그림을 그렸다고 오해하기 쉽다. 하지만 기술적 층위에서 AI는 붓을 든 화가라기보다 언어학자 에밀리 벤더(Emily M. Bender) 등이 지적한 '확률적 앵무새(Stochastic Parrots)'에 가깝다.

AI의 작동 원리는 주로 통계적 연산에 기반한다. 텍스트 생성 모델이 다음에 올 단어의 확률을 예측하듯, 이미지 생성 모델은 노이즈(Noise) 속에서 학습된 데이터의 분포를 역추적하여 픽셀을 배열한다. 이미지 생성 과정 전체에는 인간의 의도와 선택이 개입하지만, 개별 연산 단계에서는 오직 통계적 규칙만이 작동한다. 궁극적으로는 '입력값(Input)에 대해 통계적으로 가장 적절한 출력값(Output)은 무엇인가'를 산출하기 위한 계산이 중심적으로 작동할 뿐이다. 앞서 언급한 바와 같이 AI는 무에서 유를 창조하는 것이 아니라 텍스트를 이미지로, 혹은 이미지를 또 다른 이미지로 변환하는 고도화된 계산적 번역 장치로 이해할 수 있다.

따라서 AI가 생성한 이미지는 단순한 기술적 '환각(Hallucination)'을 넘어, 데이터베이스라는 거대한 가상 세계가 '잠재 공간(Latent Space)'을 통해 시각화된 결과물로 이해할 수 있다. 이는 현실 세계의 대상을 단순히 모방(Mimesis)한 것이라기보다, 데이터가 구축한 또 하나의 현실이다. 우리가 구름의 형상에서 동물의 모습을 읽어내듯, 기계가 배열한 픽셀 덩어리에 '우울'이나 '환희' 같은 정서적 의미를 부여하는 것은 결국 감상자인 인간의 몫이다. 현재의 AI는 자신이 무엇을 그렸는지 인지하지 못한다. 그것은 단지 수학적 최적화의 결과일 뿐이다. 이 말은 앞으로의 AI 기술 발전 가능성을 부정하자는 것이 아니다. 현재의 주류 AI 모델이 '의미를 이해한다'기보다 통계적 계산에 의존해 움직인다는 점을 상기시키려는 것이다.

대답의 완결성과 질문의 개방성

AI의 대표적인 기능 가운데 하나이자 동시에 중요한 한계는 '주어진 입력에 어떻게든 대답하도록 작동한다'는 점이다. 최신 모델들은 안전장치에 따라 일부 질문을 거부하거나 "그 전제는 사실과 다릅니다"라고 지적하기도

하지만, 이러한 거부와 지적 역시 미리 학습된 규칙과 데이터에 따른 응답이지 질문 자체를 능동적으로 재구성하는 사유와는 거리가 있다.

알고리즘은 어떻게든 확률적으로 가장 높은 근사치를 찾아 빈칸을 채우도록 설계되어 있다. 이런 점에서 AI가 내놓는 대답은 스스로 전제를 의심하거나 질문을 바꾸기보다는 주어진 틀 안에서 가장 가능성 높은 응답을 고르는 절차에 가깝다. 이것이 바로 기계적 대답이 갖는 속성이다. 대답은 빈틈을 메우고, 상황을 종결시키며, 불확실성을 제거한다.

반면 예술은 적어도 한 측면에서 '질문'의 영역에 속하는 활동으로 이해할 수 있다. 여기서 말하는 '질문'은 모든 예술이 항상 제도 비판이나 혁명을 목표로 해야 한다는 뜻이 아니다. 이미 주어진 의미와 질서를 그대로 받아들이지 않으려는 태도에 가깝다. 이 책은 그러한 태도를 예술의 중요한 기능 가운데 하나로 강조하고자 할 뿐, 예술 전체를 하나의 정의로 환원하려는 것은 아니다.

20세기 초 마르셀 뒤샹이 기성품 변기를 미술관에 가져다 놓았을 때, 그 행위는 "이것은 아름다운가?"라는 미적 질문이 아니었다. 그는 "무엇이 예술이 될 수 있는가?"라는 제도적이고 존재론적인 물음을 던짐으로써 예술의 정의 자체를 전복시켰다. 위대한 예술 작품은 관람객에게 명쾌한 해답을 주는 대신, 그들의 기존 인식을 흔들고 불편한 질문을 남김으로써 사유를 확장시킨다. 이러한 관점에서 AI 아트는 21세기 예술을 대표하는 가장 급진적인 '레디메이드(Readymade)' 가운데 하나로 이해할 수 있다. 물론 AI 아트는 뒤샹의 레디메이드와 달리, 기계 학습과 데이터세트라는 기술적 인프라에 의존한다는 점에서 또 다른 차원의 복잡성을 지닌다. 뒤샹이 공장에서 생산된 변기를 선택해 서명함으로써 예술적 지위를 부여했듯, 오늘날의 작가는 AI가 쏟아내는 수많은 '통계적 대답'들 속에서 자신의 의도에 부합하는 단 하나를 '선택'하고 '결정'한다.

기계는 요청받은 스타일에 맞춰 훌륭한 답안을 작성할 수는 있어도, 스스로 문제를 제기하거나 스타일 자체를 거부할 수는 없다. AI에게 "가장 예술적인 이미지를 그려 줘"라고 명령하면, AI는 역사상 '예술적'이라고 태깅(Tagging)된 수많은 데이터의 평균값을 산출할 것이다. 그 결과는 기술적으로는 완성도가 높고 그럴듯해 보일 수 있지만, 새로운 문제 제기나 맥락 없이 소비될 경우 예술적 긴장감은 상대적으로 약할 수 있다. 거기에는 기존의 질서에 균열을 내는 '질문'이 부재하기 때문이다.

결국 AI 시대에 예술가의 역할은 '어떻게 그릴 것인가(How)'라는 기술적 숙련의 차원에서, '무엇을 질문할 것인가(What & Why)'라는 기획적 차원으로 점차 무게중심을 옮겨 가고 있다. 기계가 대답을 전담하는 시대에, 인간은 더 집요하게 질문하는 존재, 즉 '호모 아르비터(Homo Arbiter, 조정하고 선택하는 인간)'로 위치를 재정립할 필요가 있다. 프롬프트 엔지니어링이 단순히 AI를 조작하는 기술적 매뉴얼이 아니라, 원하는 이미지를 얻기 위해 정교하게 질문을 다듬는 철학적 사유의 과정이어야 하는 이유가 여기에 있다.

책임질 수 없는 자의 침묵과 인간의 위치

'누가 예술의 주인인가'라는 이 장의 화두는 결국 '누가 결과물에 책임을 지는가'라는 법적, 윤리적 문제로 귀결된다. 앞서 3장에서 논의한 바와 같이 현대미술에서 창작 주체의 개념이 다층적으로 분산되었다 하더라도, 사회적 행위로서 예술은 반드시 책임의 주체를 요구한다.

AI는 이미지를 산출할 수는 있지만, 현재의 설계 방식과 법·윤리 체계에서 그 결과에 대한 책임 주체로 인정되지는 않는다. 생성된 이미지가 타인의 저작권을 침해했거나, 사회적 혐오를 조장하거나, 혹은 윤리적으로 용

인될 수 없는 충격을 주었다고 해도 알고리즘은 그에 대해 어떠한 죄책감이나 자부심도 느끼지 않는다. 기계는 윤리적 판단이나 자기반성 없이 입력된 명령과 학습된 규칙에 따라 연산을 수행할 뿐이기 때문이다. 오늘날의 법 · 윤리 논의는 통상적으로 의사 결정 능력과 자기반성 능력을 지닌 행위자에게 책임을 귀속시키는 것을 전제로 한다. 오늘날의 법 · 윤리 논의는 통상적으로, 자유의지와 자기반성 능력을 가진 인격체에게만 책임을 귀속시킬 수 있다는 전제를 바탕으로 한다. 이 책에서 창작의 주체라고 부르는 존재는 바로 이러한 분산된 책임 구조 속에서, 최소한 어떤 결과를 승인하고 자신의 이름으로 감수하겠다고 결정하는 주체를 가리킨다.

최근 사회적 문제가 되고 있는 딥페이크(Deepfake) 기술이나 AI가 생성한 가짜 뉴스 이미지는 '판단 없는 대답'의 위험성을 적나라하게 보여 준다. 이 지점에서 인간의 위치는 다시 한번 분명하게 부각된다. 블랙박스에서 쏟아져 나오는 수많은 이미지(대답) 중 무엇을 자신의 작품으로 승인(Authorize)할 것인가. '저자(Author)'라는 단어 속에 이미 '권위(Authority)'가 내포되어 있듯, 이때 '응답한다'는 것은 단순히 결과를 수용하는 것이 아니라, 그 결과에 대한 비판적 성찰과 사회적 책임을 인수

하겠다는 공적인 약속을 포함한다. 그것이 바로 예술의 '주인'이 짊어져야 할 역할이다.

결핍이 만드는 예술의 유일성

역설적이게도 AI의 등장은 인간다움의 조건을 더욱 선명하게 비춰 준다. AI는 데이터가 없으면 작동하지 못하고 질문이 없으면 대답하지 못한다. 반면 인간은 데이터가 없는 곳에서 직관을 발휘하고, 대답 없는 허공을 향해 질문을 던질 수 있는 존재다.

기계적 완벽함은 매끄럽지만 때로는 공허하게 느껴질 수 있다. 예술은 오히려 인간의 불완전함, 편향된 시각, 고통과 결핍에서 피어난다. AI가 무한히 생성하는 매끈한 이미지의 홍수 속에서 인간 예술가는 자신의 신체적 한계와 삶의 유한성을 담보로 고유한 '맥락'을 축조해야 한다.

우리는 이제 AI를 경쟁자가 아닌 우리의 질문을 시각화해 주는 강력한 파트너이자 타자(The Other)로 보아야 한다. 그러나 그 위계는 분명하다. 붓이 화가를 지배할 수 없듯, 알고리즘이 작가의 의도를 대체할 수는 없다. 질문할 수 있는 인간의 능력이 있을 때에만, 대답하는 기계는 창작의 도구로 기능할 수 있다. 다음 장에서는 이러한 인간의 의도와 선택, 그리고 책임이 구체적으로 어떻게 AI 시대의 새로운 '창작 주체의 조건'을 구성하는지 살펴볼 것이다.

참고문헌

Aguera y Arcas, B.(2017). Art in the Age of Machine Intelligence. *Arts, 6*(4), 18.

Bender, E. M. et al.(2021). On the Dangers of Stochastic Parrots: Can Language Models Be Too Big?. *FAccT '21.*

Benjamin, W.(1936). *The Work of Art in the Age of Mechanical Reproduction.* Schocken Books.

Boden, M. A.(2004). *The Creative Mind: Myths and Mechanisms.* Routledge.

Bridle, J.(2018). *New Dark Age: Technology and the End of the Future.* Verso.

Crawford, K.(2021). *Atlas of AI.* Yale University Press.

Manovich, L.(2018). *AI Aesthetics.* Strelka Press.

05
확장된 미술가와 기획적 작가성

인공지능의 등장은 예술 창작의 현장에서
인간의 역할이 기계에 의해 대체될 것이라는
불안을 야기한다. 그러나 기술적으로 보면
이것은 창작 주체가 소멸하는 과정이라기보다
기술적 진입 장벽의 붕괴로 인해 창작 주체의
범위가 이전보다 훨씬 넓어진 현상에 가깝다.

AI 콘텐츠 크리에이터?

제작에서 오케스트레이션으로: 인지적 영토의 확장

과거에는 숙련된 손기술을 가진 소수만이 예술가로 호명되었으나 이제는 프롬프트 한 줄로 이미지를 생산할 수 있는 환경이 보편화되면서 '창작의 보편화'라 부를 만한 국면에 접어들었다. 문제는 '누구나 미술을 할 수 있는 시대'가 곧 '모두가 미술가인 시대'를 의미하지는 않는다는 점이다.

수많은 이미지가 범람하는 이 팽창의 시대에 미술가를 구별 짓는 기준은 무엇인가. 이 장에서는 물리적 수행 능력이 일정 부분 평준화된 환경에서, 미술가를 미술가로 구분 짓는 하나의 핵심 역량으로서 '기획적 작가성'을 제안하고 그 조건을 검토한다. 물론 이것이 미술가의 역할을 단일한 모델로 환원하려는 시도는 아니며, AI 환경에서 특히 두드러지는 작가성의 한 양태를 중심으로 살펴보려는 것이다.

전통적인 회화에서 작가의 통제력은 붓을 쥔 손이 닿는 캔버스의 사각 프레임 내부에 머물렀다. 그러나 생성형 AI는 작가의 인지적 개입 범위를 물리적 신체 바깥, 즉 데이터 센터의 서버와 잠재 공간(Latent Space)으로 확장시킨다. 이제 작가는 물성을 지닌 재료를 직접 다루는 장인의 위치에 머무르기보다 수많은 변수와 이질적인 요소들을 통합하여 하나의 구조로 엮어내는 '오케스트레이션(Orchestration)'의 주체로 점차 역할을 확장해 가고 있다.

여기서 오케스트레이션이란 단순히 음악적 비유를 넘어 컴퓨터 과학과 AI 산업에서 통용되는 개념임을 알아둘 필요가 있다. IT 분야에서 오케스트레이션은 복잡한 컴퓨터 시스템과 소프트웨어 그리고 자동화된 태스크들을 통합적으로 관리하고 조율하는 행위를 뜻한다. AI를 활용하는 미술가의 작업은 이러한 엔지니어링적 오케스트레이션과 예술적 큐레이션이 결합된 형태로 나타나는 경우가 많다. 작가는 텍스트(프롬프트), 이미지(레퍼런스), 그리고 알고리즘의 파라미터라는 서로 다른 층위의 요소들을 유기적으로 연결하여, 개별 요소의 단순한 총합을 넘어서는 미적 가치를 도모하게 된다.

이러한 변화는 1960년대 개념 미술이 주창했던 '미술의 탈물질화'가 디지털 기술 인프라와 만날 때 나타나는 한 양상으로 이해할 수 있다. 솔 르윗(Sol LeWitt)이 "아이디어 자체가 예술을 만드는 기계"라고 선언했을 때, 그는 미술가의 역할을 물리적 노동에서 정신적 설계로 이동시키는 계기를 마련했다. 오늘날 AI를 활용하는 미술가는 여기서 더 나아가 예측 불가능한 타자(AI)와 실시간으로 상호작용하며 창작의 범위를 전 지구적 데이터베이스로 넓힌다. 즉, 작가의 인지는 뇌 안에만 머무르지 않고 알고리즘의 연산 과정을 통해 데이터의 바다를 항해하게 되며, 이로써 창작의 영토는 개인의 내면에서 집단 지성의 아카이브로 확장되는 양상을 보인다. 작가가 프롬프트를 입력하고 AI의 반응을 확인하며 다시 수정하는 과정은 마치 거대한 도서관의 서고를 탐색하며 흩어진 정보의 조각들을 맞춰 나가는 것과 유사하다. 물론 미술가가 자신의 작업을 넘어 타인의 노동, 이미지, 정보를 조율하는 존재로 기능해 온 역사는 이미 20세기 이후 여러 차례 나타났지만, 디지털 환경에서 그러한 조율의 범위와 속도가 전 지구적 규모로 확장되었다는 점이 오늘날의 특징이다.

기획적 작가성의 삼각대: 의도, 선택, 책임

작가의 영역이 확장되었다는 것은 역설적으로 감당해야 할 정보량과 판단의 복잡성이 기하급수적으로 증가했음을 시사한다. 무한한 선택지 속에서 길을 잃지 않고 확장된 영토를 실질적으로 점유하기 위해, '호모 아르비터'에게는 새로운 차원의 작가적 조건이 요구된다. 이 책은 이를 '기획적 작가성'이라 명명하며, 다음의 세 가지 핵심 축으로 그 구조를 분석한다.

첫째, '의도'의 구체성과 깊이다. AI는 학습된 데이터의 평균값에 따라 그럴듯한 이미지를 자동 생성할 수 있지만, 그 이미지에 자기 고유의 존재론적 이유나 맥락을 스스로 부여하지는 못한다. AI가 단순한 자동생성기가 아닌 작가의 확장된 신체로 기능하기 위해서는, 작가의 의도가 알고리즘의 연산보다 선행하는 기준점으로 작동해야 한다. 여기서 의도란 단순한 소재의 선택("사과를 그려 줘")을 넘어선다. 그것은 특정한 미적 효과, 미술사적 맥락, 혹은 사회적 메시지를 구현하기 위해 프롬프트를 정교하게 조형하는 철학적 사고의 산물이다. AI 아트의 미학적 가치는 작가의 의도가 기계에 의해 매끄럽게 구현되는 순간보다, 오히려 그 의도가 미끄러지고 오독되는 지점에서 두드러지게 드러나는 경우가 많다. 작가는 기계에게 명령을 내리는 지시자가 아니라, 기계와 긴장 관계를 형성하는 대화자가 되어야 한다. 작가의 사유가 깊고 구체적일수록 AI는 그 의도를 수행하기 위해 더 복잡한 연산을 수행하게 되며, 이때 기계는 작가의 정신을 시각화하는 고성능의 의수로 기능할 수 있다.

둘째, '선택'의 비평적 권위다. 앞서 논의했듯 AI는 잠재 공간에서 수많은 이미지를 확률적으로 산출한다. 이때 작가의 선택은 단순한 기호의 표명을 넘어선다. 그것은 사실상 끝없이 생성 가능한 가상의 이미지들 중에서, 자신의 의도와 가장 높은 수준으로 부합하는 소수를 식별하고 건져 올리는 비평적 결단이다. 작가는 생성된 이미지의 조형성뿐만 아니라 그 이미지가 놓일 맥락까지 고려하여 최종안을 결정한다. 수많은 오답과 노이즈 속에서 유효한 예술적 신호를 포착해 내는 이 안목은, 기계적 연산을 예술적 가치로 전환시키는 핵심 기제 가운데 하나다.

셋째, '책임'의 다층적 확장이다. 창작의 과정이 복잡해지고 기계의 개입이 늘어날수록 책임의 소재는 모호해지기 쉽다. 흔히 AI 아트의 책임을 논할 때 저작권 침해나 혐오 표현의 재생산 같은 법적 · 윤리적 문제를 우선 떠올린다. 물론 AI가 생성한 이미지가 사회적 물의를 일으킬 경우, 프롬프트를 입력하고 최종 산출물을 승인한 인간에게 귀속되는 것은 당연하다. 이는 현행 법 · 제도 논의가 알고리즘이 아닌 인간 행위자를 책임 주체로 상정하고 있다는 점과도 맞물린다.

그러나 이것이 미술가로서의 탁월성을 담보하지는 않는다. 법을 준수하는 것을 넘어, 우리는 '의미 부여의 책임'을 물어야 한다. AI가 무한히 복제해 내는 이미지의 홍수 속에서 '왜 이 이미지가 하필 지금, 여기에 존재해야 하는가'에 대한 맥락적 당위를 부여하는 능력, 그리고 자신의 결과물을 비평적으로 방어할 수 있는 설명 가능성이야말로 '호모 아르비터'의 핵심 조건이다. 확장된 도구를 사용하여 더 강력한 이미지를 생산할 수 있게 된 만큼, 그에 따른 파장에 대해 온전히 응답하려는 태도는 AI 시대 예술가를 규정하는 중요한 조건 가운데 하나로 볼 수 있다. 동시에 이러한 책임은 개별 작가에게만 귀속되는 것이 아니라 알고리즘을 설계하고 데이터를 구축하며 작품을 유통하는 플랫폼과 기관 등 여러 행위자들 사이에 분산된다는 점도 함께 고려되어야 한다.

역동적 순환 루프: 블랙박스와의 협상

그렇다면 확장된 작가는 통제 불가능해 보이는 AI를 어떻게 자신의 도구로 길들일 수 있는가. 프롬프트 엔지니어링은 일방적인 명령 하달이 아니라 기계와 인간 사이의 역동적 순환 루프이자 끊임없는 협상의 과정이다.

작가가 의도를 입력하면 AI는 연산 결과로 응답한다. 이 과정에서 필연적으로 발생하는 것이 환각(Hallucination), 혹은 글리치(Glitch)라 불리는 예측 불가능한 오작동이다. 그러나 숙련된 작가는 이러한 기계의 오독을 단순한 오류로 치부하여 폐기하지 않는다. 오히려 작가는 자신의 고정관념을 깨뜨리는 AI의 낯선 해석을 수용하여, 초기 의도를 수정하거나 새로운 맥락으로 비틀어버리는 유연함을 발휘한다. 이는 인간의 상상력을 초과하는 '기계적 숭고' 혹은 '낯설게 하기'를 가능케 하기 때문이다. 이는 통제를 포기하는 것이 아니라 우연성을 기획의 내부로 포섭하는 고도의 지적 전략이다.

작가는 블랙박스 내부의 알고리즘을 완벽히 이해하거나 지배할 필요가 없다. 대신 입력과 출력 사이의 반복적인 피드백 과정을 통해 기계의 특성을 파악하고, 예측 불가능성을 창의적 재료로 전용함으로써, 결과적으로 창작 과정의 주도권을 상당 부분 확보하게 된다. 즉, AI 시대의 창작은 완벽하게 계획된 설계도를 시공하는 것이 아니라 어원적으로 '키잡이(Kybernetes)'를 뜻하는 사이버네틱스의 본령으로 회귀하는 것이다. AI 시대의 창작은 무에서의 창조가 아니라 맥락의 키를 쥐고 방향을 조절하는 항해술에 비유할 수 있다.

맥락의 조율자로의 재배치

결론적으로 AI 시대의 미술가는 캔버스 앞에서 고립된

수행자가 아니라 방대한 데이터와 기술적 환경을 재료 삼아 새로운 의미의 체계를 정립하고 운용하는 맥락의 조율자(Context Orchestrator)로 그 역할이 재배치된다. 다만 이러한 조율자의 위치는 타인의 노동과 데이터, 알고리즘 설계에 크게 의존하면서도 최종적인 의미 부여와 명명권을 한 사람 또는 소수에게 집중시킨다는 점에서, 스스로의 권력을 비판적으로 성찰하는 태도를 필요로 한다.

'호모 아르비터'는 손의 기능을 상실한 것이 아니다. 그 손은 이제 붓이라는 물리적 도구를 넘어 키보드와 인터페이스를 통해 시스템 전체를 어루만지며 감각을 확장한다. 기계가 매끄러운 이미지를 무한히 산출하는 환경에서 인간 작가는 파편화된 이미지들을 연결하고 배치하여 고유한 서사를 부여한다. 우리는 '그리는 자'의 정체성을 폐기한 것이 아니라 '그리는 행위'를 더 거시적인 차원의 '기획'으로 확장하고 있는 것이다. 이는 손을 거친 물질적 제작이 더 이상 중요하지 않다는 뜻이 아니라 물질적 제작과 더불어 그것을 둘러싼 맥락과 의미를 설계하는 차원이 점점 더 두드러지고 있음을 가리킨다.

그러나 이처럼 정교한 논리와 기획, 그리고 데이터의 세계가 확장될수록 예술에는 역설적인 결핍이 발생한다. 점점 더 많은 것들이 연산 가능해지는 디지털 세계에서, 예측 불가능하고 비정형적인 인간의 '몸'과 '물질성'은 오히려 대체 불가능한 희소성을 지니게 된다. 다음 장에서는 이 완벽한 기획의 세계에 균열을 내고 생명을 불어넣는 최후의 원천, '신체의 개입'이 왜 다시금 중요한 예술적 화두로 떠오르는지 논의할 것이다.

참고문헌

Bourriaud, N.(2002). *Postproduction: Culture as Screenplay: How Art Reprograms the World.* Lukas & Sternberg.

Floridi, L.(2014). *The Fourth Revolution: How the Infosphere is Reshaping Human Reality.* Oxford University Press.

Groys, B.(2008). *Art Power.* MIT Press.

LeWitt, S.(1967). Paragraphs on Conceptual Art. *Artforum, 5*(10), pp.79~83.

Manovich, L.(2020). *Cultural Analytics.* MIT Press.

06
디지털 피로와 물질적 회화의 귀환

생성형 AI의 보편화는 이미지 생산 비용을 사실상 0에 가까운 수준까지 낮추고 있다. 이는 인류 역사상 유례없는 이미지의 폭발적 증식을 의미한다. 스크린 위에서 매일같이 쏟아지는 수천, 수만 장의 이미지는 고유한 맥락 없이 부유하며 소비자는 이를 빠르게 스와이프(swipe)하여 소거한다.

AI와 민주주의?

동시대 회화의 경향: 디지털 감각의 물질적 번역

철학자 한병철은 이러한 디지털 표면의 특성을 '매끄러움(The Smooth)'으로 정의한 바 있다. 매끄러운 것은 저항이 없기에 즉각적인 소비를 가능하게 하지만, 동시에 대상에 대한 깊이 있는 사유나 성찰을 어렵게 한다. 문제는 이러한 매끄러움이 지속될 때 발생하는 감각적 피로감이다. 다시 말해 디지털 피로는 특정 기술에 대한 거부 반응이라기보다 지속적인 자극에 노출된 신체와 감각이 점차 무뎌지는 현상에 대한 진단에 가깝다.

물리적 실체를 직접 동반하지 않는 데이터 기반의 이미지는 망막을 자극할 뿐 촉각적 깊이나 물질적 무게감을 직접적으로 제공하기는 어렵다. 이는 표면적으로는 효율적인 소통을 가능하게 하는 듯 보이나 철학적 차원에서는 대상을 향한 깊이 있는 응시를 약화시키는 방향으로 작동할 위험이 있다. 자극적인 이미지가 끊임없이 망막을 스치고 지나가지만 정작 내면에 침전되는 의미는 상대적으로 점점 적어지는 상태에 이른다.

문제는 이러한 '무저항의 상태'가 지속될 때 발생하는 역설적인 감각적 마모다. 완벽하게 연산된 고해상도 이미지가 범람할수록 많은 관람자는 역설적으로 이미지의 비현실성과 가벼움에 권태를 느끼는 경향을 보인다. 이는 단순히 기술에 대한 거부감이 아니라 신체 감각을 지닌 인간이 비물질적 데이터 환경에서 느끼는 본능적인 결핍이자 반작용으로 읽을 수 있다.

최근 국제 갤러리를 비롯한 일부 주요 미술 시장과 전시 현장에서 1980년대 이후 출생한 젊은 작가들의 회화 작업이 다시금 주목받는 현상은 이러한 맥락에서 이해될 수 있다. 물론 회화를 선호하는 배경에는 자본의 투자, 제도적 관성 등 복합적인 요인이 작용하지만 디지털 피로가 심화될수록 물질적 회화에 대한 관심이 높아지는 경향 역시 무시하기 어렵다. 주목해야 할 점은 이들이 회화라는 전통적 매체를 다루는 방식이다. 이들은 과거의 거장들처럼 자연 풍경이나 인물을 재현하는 것이 아니라 자신들이 나고 자란 디지털 환경 그 자체를 캔버스에 옮긴다. 저해상도 이미지의 픽셀 깨짐(Pixelation), 스크린의 글리치(Glitch), 포토샵 레이어의 인위적인 중첩 효과 등이 유화나 아크릴이라는 전통적인 안료를 통해 모사된다. 디지털 세계에서 이러한 시각적 오류들은 대개 시스템의 오작동이나 삭제되어야 할 노이즈로 취급된다. 그러나 작가들은 이 휘발성 강한 디지털 오류들을 끈적거리고 마르는 데 오랜 시간이 걸리는 유화 물감으로 캔버스에 고착시킨다.

왜 이들은 손쉽게 출력할 수 있는 디지털 이미지를 굳이 노동 집약적인 붓질로 재현하는가? 이는 가변적이고 비물질적인 디지털 대상을 물질의 시간성 안으로 느리게 포획하려는 시도로 해석될 수 있다. 전원이 꺼지면 사라지는 스크린 속 환영을, 건조되면 수백 년간 지속되는 물감의 층으로 치환함으로써 이미지에 물리적 실체(Body)를 부여하는 것이다. 즉, 최근의 회화 열풍은 단순한 장르적 복고가 아니라 디지털 이미지를 물질적으로 소유하고 보존하려는 욕망이 부분적으로 투영된 결과라고 볼 수 있을 것이다.

시간의 축적과 생의 단면

AI가 생성한 이미지와 인간이 그린 회화의 주요한 차이 가운데 하나는 결과물의 표면적 조형성이 아니라, 그 이미지가 생성되기까지 투입된 시간의 성격과 밀도에 있다. AI의 이미지는 방대한 데이터의 확률적 조합을 통해 1초 내외의 즉각적인 연산 시간 안에 산출된다. 여기에는 물리적 재료와 싸우는 과정이나 실패할 경우 처음부터 다시 시작해야 하는 위험 부담이 상대적으로 적다. 수정과 삭제가 사실상 끝없이 반복 가능한 디지털 공간에서 결과물은 언제든 대체 가능한 데이터 값으로 취급되기 쉽다.

반면, 회화는 안료가 캔버스 천에 스며들고 건조되는 물리적 시간, 그리고 붓을 든 작가의 육체적 노동이 필연적으로 요구된다. 그러나 우리가 주목해야 할 '시간'의 개념은 단순히 캔버스를 채우는 데 소요된 노동 시간에 국한되지 않는다. 회화에서의 시간은 수평적으로 흐르는 크로노스(Chronos)가 아니라 수직으로 쌓이는 퇴적의 시간이기 때문이다. 캔버스 위에 그어진 한 번의 붓질은, 그 선 하나를 긋기 위해 작가가 평생에 걸쳐 수행해 온 교육과 훈련, 그가 통과해 온 특정한 시대적 사건, 그리고 개인의 고유한 생애사가 응축된 '생의 단면'이다. 물론 이러한 서술은 회화 행위를 다소 이상화하는 측면이 있으며 실제 작업 현장에서는 루틴한 반복과 상업적 요구가 동시에 작동한다는 점도 간과할 수 없다. 인간의 신체는 기계의 하드디스크처럼 데이터를 있는 그대로 저장하지 않는다. 인간은 경험을 근육의 기억으로, 미적 취향으로, 혹은 트라우마나 환희라는 정서적 기제로 변환하여 신체 내부에 각인된다. 작가가 붓을 움직이는 순간 그의 손끝에서는 그가 살아온 삶의 총체적인 궤적이 물리적 압력과 속도로 환산되어 출력된다.

따라서 관람자가 회화 작품 앞에서 느끼는 아우라는

캔버스의 물성 자체만이 아니라 작가라는 한 인간의 삶이 응축되어 드러난다는 감각에서 상당 부분 비롯된다고 볼 수 있다. 이 지점은 기술 복제 시대의 '아우라'를 논한 베냐민이나 회화에 작가의 '생명(Life)'이 응축된다고 말하는 이자벨 그라우(Isabelle Graw)의 논의와도 직접적으로 맞물린다.

그녀는 《The Love of Painting》에서 회화가 디지털·자본주의 시대에도 여전히 강력한 '성공 매체'로 기능하는 이유를 회화가 작가의 생명을 담지하고 있다는 생기론적 환상과 그 물질적 지속성으로 설명한다. 이러한 관점에서 볼 때 AI는 '고흐의 스타일'을 모사할 수는 있어도 고흐가 겪은 가난과 정신적 고통 그리고 그가 살았던 19세기의 공기를 데이터로 직접 체험하거나 내면화할 수는 없다. 스타일은 복제 가능하지만 그 스타일을 탄생시킨 한 인간의 실존적 맥락은 동일한 방식으로 복제되거나 대체될 수 없다.

이 붓질이 나오기까지 작가가 견뎌낸 시간, 그가 섭취한 지식, 그가 마주한 사회적 모순들이 캔버스의 층위 사이에 보이지 않게 침전되어 있는 것이다. 이처럼 작가의 생물학적 시간과 경험이 퇴적된 결과물은 단순한 이미지가 아닌, 대체 불가능한 사건의 기록으로 이해될 수 있다. 디지털 데이터가 무한 복제되어 원본의 개념을 희석시키는 시대에, 작가의 삶이 축적된 원본 회화가 상대적으로 높은 희소가치를 지니게 되는 이유도 여기에 있다.

이중적 전략가로서의 호모 아르비터

앞서 5장에서 우리는 AI를 지휘하는 기획자로서의 작가를 논했다면, 6장에서는 다시 캔버스 앞에 선 수행자로서의 작가를 호출했다. 이 두 가지 태도는 상충하는 것이 아니다.

AI 시대의 작가, 즉 '호모 아르비터'는 디지털 도구를 이용해 개념을 확장하는 동시에, 필요에 따라 자신의 신체를 개입시켜 작품에 물리적 무게를 더해야 한다. 많은 관람자는 AI가 만든 매끄러운 환상에 감탄하면서도 결국 인간의 땀과 시간이 묻어난 거친 표면에서 더 강한 정서적 울림을 경험하기 때문이다. 디지털 피로도가 높아질수록 물질적 마찰이 주는 가치는 상승할 가능성이 크다. 그러므로 작가는 연산 가능한 영역과 연산 불가능한 영역을 영리하게 오가며 기술적 효율성과 육체적 고유성을 결합하는 이중적 전략을 구사해야 한다.

참고문헌

레프 마노비치(2014). 《뉴미디어의 언어》. 서정신·이재현 옮김. 커뮤니케이션북스.

롤랑 바르트(1997). 〈저자의 죽음〉. 《텍스트의 즐거움》. 김희영 옮김. 동문선.

보리스 그로이스(2014). 《큐레토리얼 담론 실천》. 김정혜 옮김. 현실문화연구.

에드먼드 버크(2019). 《숭고와 아름다움의 이념의 기원에 대한 철학적 탐구》. 김동훈 옮김. 마티.

한병철(2016). 《아름다움의 구원》. 이재영 옮김. 문학과지성사.

Graw, I.(2018). *The Love of Painting: Genealogy of a Success Medium*. Sternberg Press.

07
기술적 숭고와 새로운 심미안

AI의 연산 능력이 인간의 기술적 숙련도를 빠르게 추격하고 있는 현시점에서, 예술을 평가하는 잣대는 변화의 기로에 서 있다. 물론 기능적 완성도는 여전히 중요한 가치이나 그것이 작품의 우열을 가리는 유일하고 절대적인 기준이 되기에는 기술적 환경이 너무나 급변했다. 이 장에서는 인간과 기계를 대립항으로 나누던 이분법적 사고를 넘어 이들이 복잡하게 뒤얽힌 '다층적 융합(Multi-layered Convergence)'의 관점에서 새로운 미학적 척도를 모색한다.

AI와 애니메이션?

테크네의 재정의: 경계 없는 융합의 지형도

전통적인 미술 평가에서 '테크네(Techne)'는 작가의 신체적 훈련과 손끝에서 나오는 숙련도를 의미했다. 붓을 다루는 필력이나 대상을 사실적으로 재현하는 능력은 오랫동안 예술가의 자격을 증명하는 보증수표였다. 그러나 미드저니와 같은 생성형 AI의 등장은 이러한 기능적 숙련도의 의미를 근본적으로 재고하게 만든다. 단순히 "기계가 인간보다 잘 그린다"는 차원을 넘어, '그린다'는 행위의 정의 자체가 달라지고 있기 때문이다.

초기 담론에서는 이를 두고 '인간의 영혼' 대 '기계의 연산'이라는 대립 구도로 파악하려 했다. 그러나 이는 현재의 미술 현장을 설명하기엔 지나치게 평면적인 도식이다. 최근 국내외에서 활발히 열리고 있는 AI 미술 전시들은 인간과 기계가 분리된 두 개의 축으로 존재하는 것이 아니라 이미 서로를 구별할 수 없을 만큼 긴밀하게 뒤섞인 현상을 보여 준다.

예를 들어, 최근 서울의 한 대안 공간에서 열린 전시에서는 AI가 생성한 이미지를 캔버스에 인쇄한 뒤, 그 위에 작가가 유화 물감으로 거친 붓질을 덧입히는 방식의 작업이 주목받았다. 관람객은 어디까지가 AI의 매끄러운 알고리즘이고, 어디까지가 작가의 거친 물성인지 구분하기 어려워했다. 또한 국립현대미술관 등 주요 기관에서 소개되는 미디어 아트 작품들 역시 AI가 실시간으로 데이터를 해석해 영상을 송출하면, 무용가가 그 빛의 움직임에 반응해 춤을 추고, 그 움직임이 다시 AI에게 입력되어 새로운 패턴을 만들어 내는 상호작용을 보여 준다.

이러한 현장은 우리에게 중요한 시사점을 던진다. 동시대의 평가는 '인간이 했는가, AI가 했는가'를 기계적으로 구분하려는 시도에 머무르지 말고, 대신 작품 안에서 데이터의 논리와 인간의 직관이 어떻게 상호 침투하고 있는지, 그 복잡한 화학 작용을 읽어 내야 한다. 이제 테크네는 대상을 똑같이 그리는 재현 기술에 국한되지 않고, 디지털 연산과 물리적 수행이라는 이질적인 요소들을 하나의 화면 안에서 위화감 없이 혹은 의도적인 충돌을 통해 조율해 내는 매체적 통섭 능력까지 포괄하는 개념으로 이해될 필요가 있다.

질문의 위계: 프롬프트의 철학적 깊이와 평가

기능적 평준화가 진행되고 있는 환경에서, 작품의 미적 가치를 결정하는 무게중심은 시각적 결과물에서 '질문'의 질로 점차 이동하고 있다. 여기서 '질문'은 단순한 명령어를 넘어, 작가가 프롬프트를 통해 설정하는 개념적 문제 제기 전체를 가리키는 은유적 표현이다. 대답을 생성하는 엔진은 AI이지만, 그 대답의 층위와 방향을 근본적으로 규정하는 것은 인간의 사유와 개념적 설계다. 즉 작품의 표면은 디지털 픽셀일지라도 그 이면을 지탱하는 것은 작가의 개념적 설계라는 것이다.

기술적 숭고와 언캐니의 미학

18세기 이마누엘 칸트(Immanuel Kant)는 거대한 폭풍이나 깎아지른 절벽처럼 인간의 상상력을 압도하는 자연 대상 앞에서 느끼는 '불쾌한 즐거움', 즉 두려움과 경이의 혼합 감정을 '숭고(Sublime)'라 정의했다. 20세기가 거대한 댐이나 마천루, 핵폭발과 같은 물리적 거대함에서 '기술적 숭고(Technological Sublime)'를 발견했다면, 21세기의 우리는 비가시적인 데이터의 무한성 앞에서 새로운 유형의 숭고와 마주한다.

AI가 학습하는 수십억 장의 이미지 데이터와 수조 개의 파라미터(Parameter)가 존재하는 '잠재 공간'은 인간의 인지 능력으로는 도저히 감각할 수 없는 수학적 심연이다. 인간 작가가 10초 만에 생성되는 고해상도 이미지 앞에서 느끼는 압도감은 단순한 성능에 대한 감탄이 아니다. 그것은 자신의 통제 범위를 벗어난 거대한 지능의 연산 과정에 대한 근원적인 공포이자 동시에 그 무한한 가능성이 주는 현기증이다. 평가는 이 '디지털 현기증'이 작품 내에서 어떻게 시각화되었는지를 분석해야 하는 것으로 이루어져야 한다.

이 압도감 뒤에 필연적으로 따라오는 감각이 바로 '언캐니(Uncanny)'다. 지그문트 프로이트가 정의한 '언하임리히(Unheimlich; 낯설고 두려운 것)'는 친숙한 대상이 문득 낯설게 느껴질 때 발생하는 인지 부조화다. AI 이미지는 겉보기엔 완벽한 사진처럼 보이지만 자세히 들여다보면 생물학적 생동감이 거세된 채 박제된 듯한 지나친 매끄러움을 띠고 있다. 동공의 초점이 없거나 피부의 모공이 비현실적으로 균일한 이 특징은 마치 살아 있는 시체를 보는 듯한 섬뜩함을 자아낸다.

과거의 기술적 관점에서 이는 극복해야 할 '불쾌한 골짜기(Uncanny Valley)'이자 오류였다. 그러나 현대적 비평의 관점에서 이 언캐니함은 AI라는 매체가 빈번히 드러내는 핵심적 특성 가운데 하나로 이해될 수 있다. 좋은 AI 작가는 이 이질감을 감추려 하지 않고 오히려 적극적으로 노출한다. 인간과 비인간, 실재와 가상 사이의 경계가 무너지는 그 불쾌한 지점이야말로 동시대 관람객에게 "인간이란 무엇인가"를 묻게 만드는 가장 강력한 미적 장치이기 때문이다.

할루시네이션: 데이터가 꾸는 꿈

AI가 데이터를 처리하는 과정에서 발생하는 '할루시네이션(Hallucination, 환각)' 현상은 새로운 비평적 가치를 획득한다. 공학적 관점에서 이는 명백히 수정해야 할 '오류'이자 '노이즈'다. 그러나 미학적 관점에서 이 오류는 데이터의 잠재된 속성을 시각화하는 결정적인 단서가 된다. 이를 이해하기 위해서는 AI의 '잠재 공간(Latent Space)'에 대한 이해가 필요하다.

AI는 학습한 수십억 개의 데이터를 고차원의 수학적 공간에 배치하는데, 이 과정에서 서로 관련 없는 데이터들이 확률적으로 연결되기도 한다. 마치 인간이 꿈속에서 무의식의 조각들을 비논리적으로 결합하듯, AI 역시 데이터 사이의 빈틈을 메우기 위해 현실에 존재하지 않는 형상을 생성해 낸다. 이 기계적 연산의 부산물이 바로 할루시네이션이다.

세계적인 미디어 아티스트 레픽 아나돌(Refik Anadol)의 작업은 이 지점을 정확하게 파고든다. 그의 대표작 〈기계 환각(Machine Hallucinations)〉 시리즈에서 그는 수백만 장의 도시 풍경이나 자연 사진을 AI에게 학습시킨

뒤, 완벽한 풍경 사진을 출력하는 것이 아니라 알고리즘이 데이터를 처리하며 헤매는 과정 자체를 시각화한다.

그의 작품 속에서 건물은 액체처럼 녹아내리고, 구름은 기하학적인 패턴으로 끊임없이 변형된다. 아나돌은 이러한 '녹아내림(Melting)'을 오류로 간주하고 삭제하는 대신 '데이터의 유동성(Fluidity)'이라는 새로운 미적 언어로 정의했다. 즉, 할루시네이션은 단순한 버그가 아니라 고정된 이미지가 디지털 데이터로 변환되었을 때 나타나기 쉬운 특성을 드러내는 장치가 되는 것이다.

따라서 우리는 화면이 뭉개지거나 왜곡된 현상을 보고 기술적 결함이라 섣불리 판단해서는 안 된다. 오히려 작가가 그 '결함의 스타일'을 통해 무엇을 보여 주려 했는지를 읽어 내야 한다. 그것은 때로는 레픽 아나돌처럼 데이터의 거대한 흐름을 숭고하게 표현하기 위함일 수도 있고, 초현실주의자들이 그랬듯 이성의 통제를 벗어난 무의식의 세계를 탐구하기 위함일 수도 있다.

결국 AI 예술에서 할루시네이션은 제거되어야 할 잡음이 아니라 현실의 물리 법칙을 넘어선 새로운 차원의 감각을 여는 하나의 중요한 미학적 자원이 될 수 있다.

선택과 승인: 감산(Subtraction)의 미학

마지막으로, 생성된 수천 장의 이미지 중에서 단 하나를 선택하는 행위, 즉 '기획적 작가성'의 핵심에 대해 논의해 보자. 여기서 논의하는 '기획적 작가성'은 특히 생성형 AI를 주요 도구로 삼는 창작 환경에서 두드러지게 부각되는 역할을 가리킨다. 혹자는 "이미 있는 것 중에서 고르는 것이 어떻게 창작이 될 수 있는가?"라고 반문할 수 있다. 그러나 현대 미술사는 이미 '선택'이 '제작'과 동등한 미적 지위를 획득해 왔음을 여러 사례를 통해 보여 주었다.

마르셀 뒤샹이 공산품인 변기를 선택하여 예술적 맥락을 부여했을 때, 그리고 앙리 카르티에 브레송(Henri Cartier-Bresson)이 흘러가는 시간 속에서 셔터를 눌러 '결정적 순간'을 포착했을 때, 예술의 핵심은 물리적 노동량이 아니라 작가의 '결단'이었다. AI 예술에서 이 결단의 무게는 더욱 극대화된다. AI는 가치 판단 없이 무한히 이미지를 생성해 내는 '폭주하는 생성 기계'이기 때문이다.

이 무질서한 생성의 홍수 속에서 작가가 수행하는 역할은 오히려 '감산'으로 정의할 수 있다. 이는 미켈란젤로가 "조각이란 돌 안에 갇혀 있는 형상을 꺼내기 위해 불필요한 부분을 제거하는 과정"이라고 말했던 것과 유비적으로 연결되는 지점이다. AI 작가에게 프롬프트 입력 후 쏟아지는 수백 장의 결과물은 조각가 앞의 거대한 원석과 같다. 작가는 자신의 머릿속에 있는 이상적인 이미지(Concept)와 일치하지 않는 결과물들을 끊임없이 '삭제'하고 '기각'한다. 이 과정은 단순한 쇼핑이 아니다. 작가는 생성된 이미지를 보며 자신의 의도를 수정하고, 다시 프롬프트를 조정하며, 미세한 차이를 판별해 내는 안목의 투쟁을 벌인다.

즉, 작가가 최종적으로 선택한 단 한 장의 이미지는, 그가 거절하고 폐기한 9999장의 이미지들이 있었기에 존재할 수 있다.

따라서 평가는 결과물 자체뿐만 아니라 그 결과물이 선택되기까지 작가가 수행했을 치열한 편집과 기각의 서사를 포함해야 한다. "얼마나 공들여 그렸는가"라는 질문은 이제 "왜 수많은 가능성 중에서 하필 이 이미지를 선택했는가"라는 질문과 나란히 제기되어야 한다. 그 선택의 이유를 논리적으로 설명할 수 있는 힘, 그것이야말로 AI를 적극적으로 활용하는 동시대 미술가가 갖추어야 할 핵심적인 역량 가운데 하나다.

참고문헌

강태희(2013). 《현대미술의 또 다른 지평》. 시공사.

아서 C. 단토(2004). 《예술의 종말 이후》. 이성훈·김광우 옮김. 미술문화.

에른스트 H. 곰브리치(2003). 《서양미술사》. 백승길·이종숭 옮김. 예경.

임마누엘 칸트(2009). 《판단력 비판》. 백종현 옮김. 아카넷.

조르조 바사리(2018). 《르네상스 미술가 평전 2》. 이근배 옮김. 한길사.

Anadol, R.(2021). 〈Machine Hallucinations〉. Artechouse.

Freud. F(2003). 《Uncanny》. Penguin Books.

Manovich, L.(2018). *AI Aesthetics*. Strelka Press.

Miller, A. I.(2019). *The Artist in the Machine: The World of AI-Powered Creativity*. MIT Press.

Nye, D. E.(1994). *American Technological Sublime*. MIT Press.

08
AI 시대의 미술사

AI 시대의 미술사는 단순히 새로운 도구의 출현을 기록하는 기술사가 아니다. 그것은 창작의 주체성이 '제작하는 손'에서 '선택하는 눈'으로 부분적으로 이동하고 있음을 드러내는 하나의 중요한 전환점이다. 이 장은 '인간의 개입이 완전히 배제된 미술사는 성립할 수 없다'는 전제에서 출발한다. 이 전제를 바탕으로 향후 미술 창작의 양상이 어떤 방향으로 분화하고 다시 중첩될지 그 흐름을 살펴본다.

AI와 인재 채용?

창작 주체의 분산과 프로그래머블 아트

AI와 블록체인의 결합은 미술 작품의 존재 방식을 근본적으로 변화시키고 있다. 전통적 회화가 단일 작가에 의해 완결된 고정적 결과물을 전제로 했다면, 현대 디지털 환경의 작품은 다수의 주체가 개입하는 '가변적 프로세스'로 그 정의가 이동하고 있다. 프로그래머블 아트(Programmable Art)는 이러한 변화를 가장 선명하게 드러내는 영역이다.

이 분야의 개념을 선구적으로 제시한 사례로 2020년 2월 런칭했던 '어싱크아트(Async Art)' 모델을 꼽을 수 있다. 블록체인 기반의 프로그래머블 아트는 그림을 구성하는 요소들을 코드화된 레이어(layer) 단위로 분할하여 관리하는 방식을 취한다. 기존 디지털 아트가 완성된 이미지 파일(JPG, PNG 등)을 블록체인에 '고정된 형태'로 기록하는 데 그쳤다면, 이 새로운 형식은 각 요소를 독립된 레이어로 나누고, 상태 값(State) 변경에 따라 작품 전체가 실시간으로 재구성되도록 설계한다. 이러한 구조를 가장 극적으로 보여 준 작품이 런칭과 함께 공개된 〈최초의 만찬(The First Supper)〉이다. 레오나르도 다 빈치의 〈최후의 만찬〉을 패러디한 이 작품은 한 명의 거장이 완성한 단일한 명작이 아니라 여러 작가가 함께 구축한 '가변적 이미지'로 기획되었다. 예수의 얼굴, 식탁 위의 음식, 배경 창문, 벽면 등 그림을 이루는 요소들은 각각 하나의 레이어가 되고, 이 레이어마다 서로 다른 작가가 참여하거나 다른 소유자가 존재한다. 각 레이어는 독립된 NFT(Non-Fungible Token)로 발행되며, 이를 구입한 소유자는 자신이 맡고 있는 레이어의 상태를 정해진 범위 안에서 변경할 수 있다. 예를 들어, 예수의 표정을 진지하게 만들지 혹은 장난스럽게 만들지, 배경의 풍경을 낮으로 둘지 밤으로 바꿀지와 같은 선택이 가능하다. 이때 각 소유자의 선택은 블록체인 네트워크를 통해 '마스터 알고리즘'에 전달되고, 미리 짜여 있는 규칙에 따라 전체 작품이 재연산되며 다른 버전의 이미지가 생성된다.

이 구조에서 작품은 더 이상 완결된 명사(Noun)가 아니다. 여러 참여자가 시차를 두고 개입하면서 끝없이 갱신되는 '열린 과정'이자 동사(Verb)에 가깝다. 프로그래머블 아트의 세계에서 작품은 코드, 레이어, 상태 파라미터, 그리고 이를 최종 이미지로 합성하는 알고리즘의 집합으로 정의된다. 관객이 작품을 마주하는 시점마다 요소들의 조합이 달라지므로, 현현하는 이미지는 언제나 잠정적 상태에 머문다. 이러한 프로그래머블 아트와 〈최초의 만찬〉 사례는 '작품이란 무엇인가'에 대해 중요한 화두를 던진다. 그림은 이제 벽에 걸린 고정된 '사물'을 넘어, 시간과 참여에 따라 끊임없이 갱신되는 '사건'으로 변화한다. 디지털 시대의 예술은 아날로그 회화를 충실히 모사하는 수준을 넘어, 코드와 블록체인이라는 기술적 구조가 아니면 구현하기 어려운 새로운 미학적 영역을 개척하고 있는 것이다.

하이브리드 스튜디오의 부상

두 번째 변화는 창작의 주체가 개인에서 다학제적 집단(Multidisciplinary Team)으로 확장되고 있다는 점이다. 과거의 '화가의 작업실'이 고립된 개인 공간이었다면 이제 많은 작업이 수학자, 건축가, 프로그래머, CG 애니메이터 등 여러 전문 인력이 모인 팀 단위로 이루어진다. 프로젝트는 특정 작가 개인보다는 스튜디오의 브랜드로 발표되는 사례가 늘고 있으며, 창작 현장은 흡사 복합 연구소나 테크 스타트업과 유사한 형태를 띤다.

이러한 흐름 속에서 앞으로의 대형 프로젝트는 기획과 콘셉트를 짜는 작가(혹은 아트 디렉터), 이를 코드와 시스템으로 옮기는 엔지니어, 공간과 동선을 설계하는 건축가 등이 긴밀하게 협력하는 하이브리드 스튜디오

모델로 운영될 가능성이 크다. 이때 작가의 독창성은 더 이상 개인의 기술적 숙련도에 머물지 않는다. 이질적인 전문성을 가진 인력들을 미학적 목표 아래 조율하고, 프로젝트 전체를 총괄하는 오케스트레이팅(Orchestrating) 능력이 작가성의 핵심 지표로 부상한다.

레픽 아나돌 스튜디오(Refik Anadol Studio)는 이러한 하이브리드 모델을 잘 보여 주는 사례다. 이들은 도시의 바람과 소음, 각종 센서 데이터, 박물관과 아카이브에 축적된 이미지와 기록 등 눈에 보이지 않는 방대한 데이터를 수집하고, AI 알고리즘을 이용해 이를 분석 · 시각화한다. 그 결과물은 거대한 '데이터 조각(data sculpture)'이나 몰입형 환경으로 제시된다. 이 과정에서 작가는 캔버스 앞에 앉아 있는 개인이 아니라 데이터 과학자, 프로그래머, 건축가, 음향 디자이너 등으로 구성된 팀을 지휘하며 데이터에 물리적 형식을 부여하는 총괄 디렉터 역할을 맡는다.

팀랩(teamLab) 역시 하이브리드 스튜디오의 대표적 사례다. 이들은 스스로를 '울트라 테크놀로지스트(ultra-technologists)'라 부르며 예술가, 프로그래머, 엔지니어, CG 애니메이터, 수학자, 건축가 등 서로 다른 분야의 전문가들이 경계를 두지 않고 함께 일하는 방식을 취한다.

이들은 개인 작가의 이름을 전면에서 거의 드러내지 않고 'teamLab'이라는 집단 이름만 내세운다. 수백 대의 프로젝터와 정교한 센서, 복잡한 소프트웨어 시스템을 결합해 관객이 작품 속으로 들어가 움직이고 머무는 동안 공간 전체가 반응하도록 설계된 환경을 만들고 있다.

이러한 사례들은 창작의 중심이 개인이 아니라 시스템으로 옮겨가고 있음을 보여 준다. 동시에, 전통적으로 '작가'에게 기대되던 덕목이 손재주나 표현력에서 기획력과 조율 능력으로 옮겨 가는 흐름을 뚜렷하게 드러낸다. 하이브리드 스튜디오는 AI 시대의 미술가를 고립된 장인이 아닌, 기술과 인간을 엮어 미적 경험을 설계하는 '프로젝트 디렉터'이자 '큐레이터형 작가'로 재정의한다.

체화된 AI와 로보틱 아트

세 번째 변화는 가상공간을 넘어 물리적 실체로 확장된, '체화된 AI(Embodied AI)'의 등장이다. 기존의 AI 아트가 주로 스크린 내부의 이미지 생성에 천착해 왔다면 체화된 AI는 알고리즘을 로봇 팔이나 드론 등 기계 장치와 결합하여 '그리는 행위(Drawing Performance)' 자체를 인간-기계의 협업 과정으로 재구성한다.

수젠 청(Sougwen Chung)의 〈Drawing Operations〉

시리즈는 이러한 체화된 AI의 방향성을 잘 보여 준다. 그는 'D.O.U.G.(Drawing Operations Unit)'라는 이름의 로봇 팔과 함께 드로잉 퍼포먼스를 진행한다. 이때 로봇은 단순한 도구를 넘어 작가와 함께 화면을 만들어 가는 일종의 협업자에 가깝다. 작가의 손짓과 팔의 움직임은 카메라와 컴퓨터 비전 시스템을 통해 실시간으로 캡처되고, 과거 드로잉 데이터와 결합되어 로봇 팔의 움직임을 결정하는 알고리즘으로 변환된다.

퍼포먼스의 현장에서 인간 화가와 로봇 팔은 한 화면 위에서 동시에 선을 긋는다. 어떤 순간에는 작가가 먼저 선을 그으면 로봇이 이를 따라가고, 다른 순간에는 로봇이 예측된 궤적에 따라 움직이면, 작가가 그 움직임에 반응해 새로운 선을 덧그린다. 이 과정이 반복되면서 어느 선이 인간의 것인지, 어느 선이 기계의 것인지 명확히 가르기 어려운 복합적인 필적이 화면에 남는다. 이와 같은 로보틱 아트(robotic art)는 텍스트 프롬프트를 입력해 즉시 이미지를 얻는 생성형 AI와 달리 물감을 올리고 선을 그리는 물리적 작업에 기계를 끌어들인다. 붓을 쥐는 힘, 물감의 질감, 팔의 속도와 궤적 같은 요소들이 다시 예술의 전면으로 돌아온다. 작가는 알고리즘과 로봇의 동작 범위를 설계하고, 로봇은 그 범위 안에서 예측 가능한 패턴과 예측하기 어려운 변주를 동시에 만들어 낸다.

앞으로는 AI 로봇과 실시간으로 상호작용하며 그림을 그리는 퍼포먼스, 혹은 뇌파(EEG)나 심박, 호흡 등의 생체 신호를 로봇 팔에 연동하여 작가의 신체적 한계를 보조 · 확장하는 방식이 중요한 창작 형식으로 자리 잡을 가능성이 있다. 이때 기술은 인간을 대체하는 위협이 아니라 신체적 수행 능력을 확장하고 보완하는 '공생(Symbiosis)의 파트너'를 지향한다.

체화된 AI와 로보틱 아트의 영역에서 창작의 주체는 인간이나 기계 어느 한쪽으로 환원되지 않는다. 인간의 직관적 제스처와 기계의 연산적 반응, 그리고 우연한 오차가 얽히며, 작품은 그 상호작용이 남긴 '행위의 궤적'이 된다.

순수 회화의 재부상

마지막으로 주목할 점은 첨단 기술의 범람이 역설적으로 전통적 순수 회화의 가치를 재조명하게 만들 것이라는 사실이다. 이는 사진이 등장한 이후 회화가 '똑같이 그리는' 기술을 내려놓고 추상, 색채, 형태 실험으로 중심을 옮겼던 역사와 비슷한 흐름으로 볼 수 있다.

AI 생성 이미지가 일상화되고 디지털 복제가 무결점

의 단계에 이를수록, 인간의 신체가 직접 개입하여 남기는 물리적 물성과 불완전한 질감은 대체 불가능한 희소성을 획득한다. 물감이 겹겹이 쌓이며 생기는 두께와 우연한 번짐, 캔버스에 쌓이면서 만들어 내는 미세한 차이, 반복적 행위를 통해 축적되는 작가의 호흡과 리듬은 디지털로 완전히 치환하기 어려운 영역이다. 이는 베냐민이 말한 '원본의 아우라(Aura)'가 디지털 시대에 여전히, 혹은 더욱 강력하게 유효한 이유가 된다.

이러한 관점에서 보면, 미래의 미술 생태계는 기술이 예술을 잠식하는 일방적 구조가 아니라 기술적 매체와 순수 회화라는 두 축이 팽팽한 긴장과 균형을 이루는 양상이 될 것이다. 한쪽에서는 데이터, 알고리즘, 인터페이스를 핵심 재료로 삼는 '테크놀로지컬 아트(technological art)'가 발전할 것이다. 다른 한쪽에서는 물감과 붓, 캔버스를 통해 인간의 몸과 시간이 개입하는 순수 회화가 기술 이미지와의 대비 속에서 다시금 그 고유한 의미를 확보하게 될 것이다. 이때 순수 회화는 과거의 양식을 답습하는 보수적 장르가 아니다. 기술이 모든 이미지를 빠르게 복제·생산할 수 있는 시대에, 의도적으로 느리고 비효율적인 방식을 택하는 선택이 된다. '손으로 그린다'는 수행적 사실 자체가 작품의 핵심 메시지로 기능하게 되는 것이다. 물감과 붓, 캔버스는 낡은 도구가 아니라 인간 신체의 시간성과 유한성을 드러내는 매체로 다시 읽힌다.

결국 AI 시대의 미술사는 인간이 도구 뒤로 소외되는 과정이 아니라 도구를 통해 자신을 확장하거나 반대로 도구와 구별되는 인간 고유의 영역을 심화하는 역사로 전개될 것이다. 기술은 인간을 대체하는 존재가 아니라 "인간이란 무엇인가"를 다시 묻게 하는 거울이다.

그러므로 인간이 부재한 미술사는 성립 불가능하다. 오히려 기술이 정교해질수록 "인간은 무엇을, 왜 표현하는가?"라는 근원적 질문은 더욱 날카로운 형태로 회귀한다. AI 시대의 미술가는 기술과 인간이 팽팽하게 맞물리는 그 접점에서, 이제껏 본 적 없는 전례 없는 풍경을 그려 나갈 것이다.

참고문헌

Anadol, R.(2019). 〈Machine Hallucination〉. Refik Anadol Studio.

Async Art(2020). 〈The First Supper〉. Async Art Platform (Conceptual Model).

Chung, S.(2015). 〈Drawing Operations〉. Sougwen Chung Studio.

teamLab(2018). 〈teamLab Borderless〉. Mori Building Digital Art Museum.

09
미술 교육의 전환

AI가 미술 제작 영역을 자동화하면서, 수 세기 동안 미술 교육의 근간이었던 도제식 손기술 훈련 시스템은 근본적인 재검토를 요구받는다. 이제 규칙의 정교한 수행은 기계의 몫이 되었고, 인간의 역할은 규칙의 맥락과 의미를 해석하는 쪽으로 이동했다.
따라서 "무엇을 가르칠 것인가?"라는 질문은 "AI 시대에 인간이 미술을 공부해야 하는 이유는 무엇인가?"라는 존재론적 물음으로 바뀌었다.

AI와 기자?

교육 목표의 재설정:
프로네시스와 순수 회화의 공존

미술 교육의 미래를 논하기 위해서는 먼저 우리가 서 있는 위태로운 토대, 즉 르네상스 이후 500년간 미술 교육을 지배해 온 아카데미(Academy)의 유산을 냉정하게 직시할 필요가 있다. 아카데미 시스템은 주로 표준화된 시각 기술을 전수하는 기관이었다. 대상을 평면에 사실적으로 옮기는 테크닉은 예술가의 자격증과 같은 것이었다. 그러나 오늘날 생성형 AI는 이러한 재현 기술을 인간이 평생을 바쳐 연마하던 수준에 근접한 결과를, 그것도 단 몇 초 만에 산출해 내기 시작했다. 손으로 잘 그리는 능력, 즉 '숙련된 모방(Mimesis)'의 가치가 AI의 등장으로 상대적으로 약화된 시점에서, 더 이상 '기술적 탁월함'만으로는 미술가의 경쟁력이 될 수 없다.

그렇다면 AI 시대 미술 교육의 목표는 무엇이 되어야 하는가. 그것은 도구적 숙련을 뜻하는 '테크네(Techne)'를 넘어선 '실천적 지혜(Phronesis)'의 함양이어야 한다. 아리스토텔레스가 말한 프로네시스는 단순한 지식이 아니라 맥락에 따라 변하는 복잡한 상황 속에서 최선의 가치를 판단하고 결정하는 윤리적 · 미학적 통찰력을 의미한다. AI가 수천 개의 매혹적인 시안을 무한정 쏟아낼

때, 그중 무엇이 이 시대의 정신을 반영하는지, 어떤 이미지가 사회적 맥락 속에서 진실한 울림을 줄 수 있는지를 식별해 내는 '안목'과 '판단력'이야말로 미래의 미술가가 갖춰야 할 핵심 역량이다. 이제 미술 교육은 '그리는 손'을 훈련하는 것에 더해 '선택하는 눈'과 '판단하는 뇌'를 훈련하는 쪽으로 무게중심을 점차 옮길 필요가 있다.

순수 회화와 디지털 기획자의 양손잡이 전략

여기서 주의해야 할 점은 기획력의 강조가 곧 전통적인 회화 교육의 전면적인 폐기를 의미하지 않는다는 사실이다. 오히려 역설적이게도, 매끄럽고 완벽한 디지털 이미지가 범람할수록 인간의 불완전한 신체가 직접 개입하는 '순수 회화' 교육의 필요성은 더욱 커진다. 디지털 이미지는 0과 1이라는 데이터로 환원되어 무한 복제가 가능하지만, 그만큼 물질적 무게감과 고유한 아우라(Aura)가 희미해지기 쉽기 때문이다.

이 지점에서 말하는 '순수 회화' 교육은 단순히 대상을 닮게 그리는 재현 훈련이 아니다. 이는 현재의 AI가 온전히 구현하기 어려운 영역, 즉 '비(非)알고리즘적 우연성'과 '물리적 실재감'을 극대화하는 훈련이다. 붓끝에서 느껴지는 미묘한 움직임, 물감이 캔버스에 발리며 만들어

내는 예측 불가능한 충돌, 물감층이 쌓이며 형성되는 두께감 등 물리적 저항을 온몸으로 감각하는 과정은 학생들에게 데이터가 아닌 물질로서의 예술을 체험하게 한다. 따라서 미래의 미술 교육은 단순한 기술적 숙련공을 길러내는 데 그치지 않고 '디지털 기획자'를 동시에 양성하는 양손잡이 전략을 취할 필요가 있다.

공간과 커리큘럼의 혁신: 아틀리에에서 랩으로

전통적인 미대 실기실, 즉 아틀리에는 작가의 고독한 내면 투쟁을 위한 폐쇄적인 공간이었다. 캔버스를 마주하고 홀로 고뇌하는 낭만적 예술가 상은 오랫동안 미대생들의 이상향이었다. 그러나 AI 시대의 창작은 거대 언어모델(LLM)과의 대화이자 방대한 데이터베이스와의 상호작용이며, 나아가 공학·철학·사회학 등 타 분야와의 융합을 전제로 한다. 따라서 교육 공간은 이제 개인 작업실의 집합체뿐 아니라 개방형 미디어 랩(Media Lab) 형태를 함께 구축하는 방향으로 점진적인 전환이 이루어질 필요가 있다.

이 새로운 공간은 이젤과 물감뿐 아니라 고성능 GPU 워크스테이션과 벽면을 가득 채운 대형 디스플레이, 그리고 활발한 토론이 오가는 라운지가 중심을 차지해야 한다. 이곳은 단순히 이미지를 생산하는 공장이 아니라 데이터를 수집하고 분석하며, 이미지의 사회적 파장을 실험하는 연구소로 기능해야 한다. 학생들은 이곳에서 혼자 붓질을 하는 것에 그치지 않고, 팀을 이루어 프로젝트를 기획하고, 오픈소스 AI 모델을 튜닝하며, 생성된 결과물을 즉각적으로 네트워크에 공유하고 피드백을 주고받는다.

언어적 사유와 시각적 리터러시

하드웨어인 공간의 변화에 발맞춰 소프트웨어인 커리큘럼의 변화 또한 시급하다. 기초 실기 과목의 비중을 재조정하고, 그 자리에 '프롬프트 엔지니어링'과 '데이터 윤리' 수업을 핵심 교과로 단계적으로 도입할 필요가 있다. 단, 여기서 말하는 프롬프트 엔지니어링은 단순히 특정 툴의 명령어를 암기하는 기능적 훈련이 아니다.

진정한 프롬프트 교육은 자신의 모호하고 추상적인 아이디어를 언어(Text)로 명확하게 구조화하고 이를 AI가 이해할 수 있는 논리적 체계로 번역하는 '언어적 사유 능력'을 기르는 데 초점을 맞춰야 한다. 이미지는 더 이상 손끝에서만 나오지 않는다. 그것은 언어적 상상력과 논리적 설계 능력에서 비롯된다. 즉, 그리는 손을 훈련하는 것만큼이나 지시하는 뇌와 서술하는 입을 훈련하는 것이 중요해진 것이다. 아울러 인터넷상의 데이터를 무분별하게 학습한 AI 생성 이미지들이 내포할 수 있는 인종적 · 성적 편향성과 저작권 침해 문제를 비판적으로 해독할 수 있는 시각적 리터러시 교육이 병행되어야 한다. 이러한 교육을 통해 학생들은 기술에 종속된 수동적 소비자가 아니라 기술을 비판적으로 통제하고 윤리적으로 활용하는 주체적인 창작자로 성장할 수 있다.

평가 방식의 변화: 결과에서 과정으로

교육의 목표와 내용이 바뀌면 평가 방식 또한 필연적으로 달라져야 한다. 캔버스 위에 구현된 결과물의 조형적 완성도나 테크닉의 숙련도만을 기준으로 점수를 매기는 기존의 방식은 버튼 하나로 미술관급 이미지를 1초 만에 생성해 내는 AI 앞에서는 그 설득력이 상당 부분 약화된다.

결과물의 미적 품질이 상향 평준화된 시대에, 평가는 결과물 자체(What)뿐 아니라, 그 결과물에 도달하기까지의 사고 과정(How & Why)과 기획의 논리에 더 큰 비중을 두게 된다. 구체적으로 학생은 최종 이미지 제출 시, 그 이미지가 나오기까지 입력했던 수백 줄의 프롬프트 기록(History)과 수많은 실패작들, 그리고 수정 및 보완의 과정을 기록한 '작업 로그(Log)'를 투명하게 공개하도록 요구받을 수 있다. 최초의 설계 의도가 무엇이었으며, 중간에 AI가 예상치 못한 엉뚱한 결과물을 내놓았을 때 어떻게 변수를 수정하여 대응했는지, 그리고 생성된 수백 장의 유사한 결과물 중에서 왜 하필 이 이미지를 최종적으로 선택하고 승인했는지, 그 선택의 미학적 · 개념적 근거를 설명할 수 있어야 한다.

크리틱 문화의 심화

이러한 평가 방식은 전통적인 미술 교육의 강점인 '크리틱(Critique, 비평 수업)' 문화를 더욱 심화시킨다. 과거의 크리틱이 조형적 요소에 대한 지적이었다면, AI 시대의 크리틱은 학생의 논리와 철학을 검증하는 회의로 심화될 필요가 있다.

교수는 결과물의 아름다움을 칭찬하는 것을 넘어 예를 들면 "이 이미지가 왜 지금 이 시대에 필요한가?"와 같은 질문을 던져야 한다. 이 과정에서 학생이 보여 주는 논리적 정합성, 문제 해결 능력, 그리고 자신의 선택을 방어하는 비평적 태도 자체가 평가의 핵심이 된다. 즉, 시각적 유려함이라는 결과론적 미학성이 아니라 생각의 궤적과 선택의 타당성이라는 과정론적 가치를 평가의 척도로 삼는 것이다.

현실적 장벽과 정책적 제언: 비용과 제도의 딜레마

미술 교육의 이러한 전환은 당위성에도 불구하고 현실적인 장벽에 부딪힌다. 가장 큰 문제는 비용이다. 붓과 물감, 이젤을 구비하는 것에 비해 학생 개개인에게 고성능 GPU 서버와 AI 소프트웨어 라이선스, VR/AR 장비를 지원하는 것은 막대한 예산을 필요로 한다. 이는 자칫 자본력을 갖춘 소수의 명문 미술 대학과 그렇지 못한 대학 간의 극심한 교육 격차를 초래할 수 있다.

'디지털 르네상스'가 아닌 '디지털 양극화'가 미술 교육 현장에서 먼저 발생할 위험이 있는 것이다. 따라서 정부와 교육 당국은 미술 대학의 디지털 인프라 구축을 단순한 기자재 확충이 아닌, 국가 차원의 문화 경쟁력 확보를 위한 필수 투자의 관점에서 접근해야 한다. 클라우드 기반의 공용 AI 서버 구축이나 오픈소스 모델의 교육용 커스터마이징 지원 등 정책적 대안이 시급하다.

미술 교육의 전환은 기존의 것을 파괴하고 새로운 것으로 대체하는 단순한 대안의 차원이 아니다. 이는 아날로그적 물성과 디지털적 사유가 공존하며 서로를 보완하는 확장의 과정이어야 한다. 순수 회화가 지닌 신체적 수행성의 가치를 보존하면서도, 그 위에 AI가 제공하는 논리적 기획력을 더하는 것, 이것이 미래 미술 교육의 청사진이다.

물론 낭만적인 아틀리에를 랩으로 바꾸고, 손기술 대신 논리적인 기획력을 가르치며, 결과 대신 치열한 사고 과정을 평가하는 일은 막대한 비용과 제도적 마찰을 수반하는 고통스러운 혁신일 수 있다. 그러나 이 변화를 두려워하여 과거의 방식을 고수한다면, 미술가는 기술이 주는 편리에 취해 단순한 데이터 공급자나 AI 프로그램의 수동적인 '오퍼레이터'로 전락하고 말 것이다. 교육이 변하지 않으면 미술의 미래는 심각하게 위태로워질 수 있다. 우리는 붓을 든 손과 코드를 짜는 뇌를 동시에 훈련하는 새로운 아카데미의 문을 열기 위해, 지금 이 순간부터 구체적인 전환을 준비해야 한다.

참고문헌

아리스토텔레스(2011). 《니코마코스 윤리학》. 강상진 외 옮김. 길.

아서 C. 단토(2004). 《예술의 종말 이후》. 이성훈·김광우 옮김. 미술문화.

에른스트 H. 곰브리치(2003). 《서양미술사》. 백승길·이종승 옮김. 예경.

Boden, M. A.(2016). *AI: Its Nature and Future.* Oxford University Press.

10
인간다움과 미술가의 재정의

이 장에서는 AI 시대에 ‘인간다움’과 ‘미술가’라는 개념을 재정의하고, 이것이 창작과 교육, 비평의 영역에 시사하는 바를 고찰한다. AI 이후의 시대는 데이터와 신체, 알고리즘과 감정이 교차하는 복합적인 환경이다. 이러한 거대한 전환 속에서 미술가는 단순한 제작자를 넘어 기획과 수행을 조율하는 주체로 요청받고 있다.

AI와 미래 의사?

이 책이 도달한 네 가지 명제

앞선 논의를 종합하여, AI 시대의 미술을 지탱하는 네 가지 이론적 명제를 다음과 같이 정리한다.

첫 번째 명제는 인프라로서의 AI다. 이 책은 AI를 단순한 도구가 아니라 '인프라'라고 부른다. 여기서 인프라란 개별 작가가 사용 여부를 선택할 수 있는 외부 수단이라기보다 시각 자료의 유통 방식과 작업의 조건을 구조적으로 규정하는 장이라는 뜻이다. AI를 붓이나 물감과 같은 단순한 도구(Tool)로만 이해하는 관점은 이제 충분하지 않다. 검색 엔진, 생성형 모델, 추천 알고리즘은 이미 우리의 시각적 경험과 취향, 작업 방식 전반에 깊이 개입하는 거대한 환경으로 기능한다. 미술가가 직접 프롬프트를 입력하지 않더라도, 우리는 이미 AI가 큐레이션한 타임라인과 검색 결과가 구성한 시각장 안에서 사유하고 있다. 따라서 AI는 창작의 수단이라기보다 창작의 조건과 감각의 구조에 선행적으로 강한 영향을 미치는 '인프라'로 이해하는 것이 타당해 보인다.

두 번째 명제는 '호모 아르비터(Homo Arbiter)'로서의 작가 개념이다. 작가성의 중심축은 제작하는 인간인 '호모 파베르(Homo Faber)'에서 조정하고 판단하는 인간인 '호모 아르비터' 쪽으로 점차 무게를 옮겨 가고 있다.

이러한 변화는 해나 아렌트가 《인간의 조건》에서 제시한 개념을 통해 더욱 명확히 그리고 비판적으로 재해석될 수 있다. 엄밀한 의미에서 AI를 통한 이미지 생성은 여전히 디지털 결과물을 남긴다는 점에서 아렌트가 말한 '작업(Work)'의 범주를 완전히 벗어나지 못한다. 그러나 동시대 미술가가 '호모 아르비터'로서 갖는 핵심적인 가치는 생성 그 자체가 아니라 그 결과물을 통해 타인들과 관계 맺는 방식에 있다. 아렌트에게 '행위(Action)'란 사물 없이 인간들 사이의 관계망 속에서 자신을 드러내는 정치적 활동이자 타인들과의 직접적인 관계 맺음(Plurality)을 의미한다. 따라서 AI 시대의 미술가는 단순히 이미지를 산출하는 것을 넘어, 알고리즘이 내포한 사회적 편향을 폭로하거나 기술이 은폐한 질문을 공공의 영역에 던짐으로써 비로소 '행위'의 주체가 된다. 즉, 작가성의 핵심은 매끄러운 이미지 생성을 넘어, 기술적 환경에 개입함으로써 새로운 담론을 촉발하고 관계적 미학을 수행하는 데 있다.

이 지점에서 뒤샹의 레디메이드와 AI 시대의 '선택' 또한 구별할 필요가 있다. 뒤샹이 이미 존재하는 공산품을 선택하여 맥락을 전복했다면, AI 시대의 '호모 아르비터'는 데이터의 잠재 공간(Latent Space)을 탐색하는 존재다. 뒤샹 역시 〈3개의 표준 정지 장치(3 Standard Stoppages)〉에서 1미터 길이의 실을 1미터 높이에서 낙하시켜, 중력이 만들어 낸 우연한 곡선을 새로운 측량의 단위로 삼는 등 우연을 개입시켰다. 그러나 AI 시대의 미술가가 마주한 것은 단순한 물리적 우연이 아니라 무한한 변수가 요동치는 고차원의 확률 공간이다. 미술가는 이 광활한 데이터의 바다에서 단순히 값을 건져 올리는 것이 아니라 무질서한 확률적 카오스 안에서 유의미한 질서를 조정하고 최적의 경로를 판단하는 기획자로 기능한다. 그러므로 AI 시대의 창작은 무에서 유를 만드는 제작을 넘어, 무한한 생성의 가능성 중 유의미한 좌표를 결정하고 승인하는 판단력의 문제로 점차 구체화되고 있다.

세 번째 명제는 회화의 존재론적 위치에 대한 재발견이다. 디지털 생성 모델은 이미지를 물리적 지지체 없이 0과 1의 데이터로 순식간에 산출하며 생산 속도를 가속화했다. 일부 이전 논의들은 이를 디지털의 가벼움과 회화의 무거움, 혹은 가상과 실재라는 이분법적 도식으로 구분하곤 했다. 그러나 오늘날의 회화는 단순히 디지털의 반대편에서 과거의 향수를 자극하는 유물이 아니다. 동시대 회화는 디지털 이미지를 재현하거나,

스크린 위의 감각을 물성으로 번역하는 포스트-디지털 회화(Post-Digital Painting)의 양상을 띤다. 회화는 매끄러운 스크린이 소거한 감각을 단순히 복원하는 것을 넘어, 데이터가 갖기 어려운 유일성(Aura)을 전략적으로 시뮬레이션하고 확보하는 장소다. 데이터가 비교적 흔적 없이 수정되고 삭제되는 매끄러운 표면이라면, 회화는 그 디지털적 감각을 캔버스라는 물리적 지지체 위에 고착시켜 불가역한 시간의 층위를 쌓는다. 즉, 물질성을 강조하는 것은 과거로의 회귀가 아니라 0과 1로 부유하는 감각을 '여기, 지금'의 물리적 실재로 번역하는 행위인 것이다.

마지막 명제는 미술 교육의 구조적 전환이다. 고립된 아틀리에에서 수공예적 숙련도만 높이는 방식은 복합적인 현대의 창작 환경을 감당하기 어렵다. 미술 교육은 '실험실(Lab)' 구조로 재편될 필요가 있으며 이는 다음 두 가지 실천을 함께 요청한다.

첫째, 기술적 문해력을 넘어선 '알고리즘 비평'의 도입이다. 랩 기반 교육은 단순히 코딩이나 프롬프트 작성법을 가르치는 곳이 아니다. 학생들은 "왜 이 데이터세트를 선택했는가?", "이 알고리즘의 편향은 무엇인가?"를 묻고, 결과물의 조형성뿐만 아니라 그 이면에 작동하는 생성 논리의 타당성을 비평하는 훈련을 받아야 한다. 둘째, '협업적 지성'의 훈련이다. 현대의 창작은 개발자, 데이터 분석가 등 타 영역과의 협업을 전제로 한다. 따라서 미술 교육은 흩어진 기술과 정보를 엮어 새로운 맥락을 조직할 줄 아는 '지능적인 조율자(Orchestrator)'를 길러내는 데 방점을 두는 방향으로 커리큘럼을 설계할 필요가 있다.

미술가의 새로운 역할: 기획자, 번역자, 실험가

AI 인프라 위에서 미술가가 수행해야 할 역할은 다음과 같이 구체화된다.

• 기획자(The Planner): 기획자로서의 미술가는 '무엇을 만들 것인가'보다 '어떤 문제를 어떻게 구성할 것인가'를 고민한다. 프롬프트를 작성하고, 이미지를 선별하며, 전시 형식을 설계하는 일은 모두 동일한 기획 행위의 연장선상에 있다. 이는 앞서 언급한 '호모 아르비터'의 실천적 모델이며, AI 시대 미술가의 핵심적인 역할 가운데 하나다.

• 번역자(The Translator): AI는 데이터를 통계적 상관관계로 처리하지만, 아직까지 의미를 인간처럼 이해

한다고 보기는 어렵다. 미술가는 사회적 · 기술적 · 정서적 층위를 감각적 형식으로 '번역'하는 존재다. 말로 설명되지 않는 감정과 시대의 징후를 이미지와 공간으로 치환하여, AI의 기계적 산출물에 인간적 맥락을 부여하는 것이 번역자의 임무다.

• 실험가(The Experimenter): 실험가로서의 미술가는 AI를 오작동시키거나 데이터의 공백을 드러내는 데 주력한다. 완결된 결과물보다는 시스템의 오류(Glitch)를 유도하여 기술이 감추고 있는 편향성을 폭로하고, 데이터 라벨링에서 배제된 소수자의 목소리를 시각화한다. 이는 기술 낙관론을 경계하고 기술 윤리를 미학적으로 질문하는 역할이기도 하다. 이러한 실험은 기술을 단순히 효율의 도구로 다루는 것이 아니라, 그 정치성과 윤리성을 드러내는 비평적 실천으로 자리 잡는다.

확률 0을 향한 질문

결국 AI 시대에 미술가는 누구인가? 현재의 생성형 AI는 과거 데이터의 통계적 패턴에 따라 산출을 생성하는 구조를 가지며, 이는 AI의 기술적 성취를 부정한다기보다 그 작동 방식이 아렌트가 말한 의미의 '판단'과는 구조적으로 다른 차원에 있다는 점을 강조하는 진단이다. 반면 미술가는 그 매끄러운 확률 분포에 구속되지 않고, 데이터의 연산으로는 포착하기 어려운, 인간 고유의 직관이 감지하는 지점을 향해 질문을 던질 수 있는 존재다.

이러한 맥락에서 AI 시대의 미술가는 알고리즘의 닫힌 회로를 비틀고 우회하는 예측 불가능한 '생명성'을 지닌 존재로 요청된다. 기술이 효율과 정답을 추구할 때, 미술가는 기꺼이 실패하고 우회하며, 인간만이 느낄 수 있는 비효율적인 고유성을 증명한다. 데이터로 환원되지 않는 열정, 논리를 뛰어넘는 직관, 그리고 끝내 기계적 인과성의 흐름을 비틀어 새로운 관계를 시작하는 힘. 특히 중요한 것은, '기술로 대체할 수 없는 영역을 각자의 작업 안에서 어떻게 증명할 것인가'라는 물음이다. 이 책이 제시하는 것은 그 물음에 대한 하나의 예비적 응답에 지나지 않으며, 나머지 응답은 각자의 작업 속에서 계속해서 모색되어야 할 몫으로 남겨 둔다.

참고문헌

정규리(2025). "인공수정과 대리모의 은유로 본 회화창작 주체의 재구성". 《디지털예술공학멀티미디어논문지(JDAEM)》, 12(2).

한나 아렌트(2019). 《인간의 조건》. 이진우 옮김. 한길사.

정규리

현재 서울사이버대학교 회화과 교수로 재직 중이다. 서울대학교 미술대학 동양화과를 졸업하고 파리국립미술학교(École Nationale Supérieure des Beaux-Arts)에서 석사학위를, 서울대학교 미술대학 서양화과에서 미술학 박사학위를 받았다. 최근에는 서울대학교 인문정보연구소 AI 교육과정을 수료하며 예술과 기술의 융합 분야에 대한 연구를 심화하고 있다.

주요 연구 분야는 인공지능 시대의 창작 주체성 재구성, 포스트휴먼 시대의 이미지 변화, 그리고 융합 예술이다. 주요 논문으로는 "인공수정과 대리모의 은유로 본 회화창작 주체의 재구성", "인공지능 시대의 융합 예술: 레픽 아나돌(Refik Anadol)의 작품을 중심으로", "포스트휴먼 시대의 마법적 이미지: 바이오 아트를 중심으로" 등이 있다.

작가로서 금호 영아티스트로 선정되었으며, 가나 장흥아뜰리에 입주 작가 및 채널 M-money '아름다운 TV 갤러리' 초대작가로 활동한 바 있다. 국립현대미술관 미술은행 등 다수 기관에 작품이 소장되어 있다.